C. F. JAHN

Ludwig van Beethoven als Mensch und Künstler

Ein Lebensbild, etc

C. F. JAHN

Ludwig van Beethoven als Mensch und Künstler
Ein Lebensbild, etc

ISBN/EAN: 9783744798020

Printed in Europe, USA, Canada, Australia, Japan

Cover: Foto ©Thomas Meinert / pixelio.de

More available books at **www.hansebooks.com**

LUDWIG VAN BEETHOVEN.

geb: zu Bonn den 17. Decbr 1770, gest: zu Wien 26 Merz 182.

Nach einer lithographischen Beigabebog.   LICHTDRUCK von Albert Me...

Den 17. December.

Ludwig van Beethoven

als

Mensch und Künstler.

Ein Lebensbild,

bei Gelegenheit seiner hundertjährigen Geburtsfeier

entworfen

und

dem deutschen Volke gewidmet

von

C. F. Jahn.

Mit dem Portrait des Meisters, 3 Illustrationen und 2 Beilagen.

Elbing, 1870.

Neumann-Hartmann.
(Edw. Schlömp).

Einleitung.

Die Beethoven-Literatur ist eine so reiche, daß es über-
flüssig erscheinen könnte, dieselbe noch zu erweitern. —
Die hervorragenderen Autoren der vorhandenen Schriften beschäftigten sich vornämlich mit einer mehr und minder
wissenschaftlich ästhetischen Analyse der Schöpfungen Beethoven's, so namentlich Marx, Lenz, Elterlein, Uli-
bischeff. Ihre Werke sind jedoch einestheils mehr für
Kenner berechnet und anderntheils zu kostbar, als daß sie
bei der großen Masse weniger bemittelter Kunstfreunde durch-
weg heimisch werden könnten.

Im gebildeten deutschen Volke fragt auch der Laie:
Wer und was war der Mann, dessen Geburtstages hier
und überall nach hundert Jahren in so feierlicher Stimmung
gedacht wird?

Um diese Frage in ihren Hauptmomenten in gedrängter
Kürze beantworten zu können, habe ich mich an die persön-
lichen Freunde des längst von uns geschiedenen Jubilars
gewandt, an Männer, die mit ihm in engster Verbindung
gestanden, seine Freuden und Leiden getheilt und der Nachwelt in ihren biographischen Aufzeichnungen ein treues Lebensbild des Großmeisters der Töne entrollt haben:
A. Schindler, F. G. Wegeler und Ferd. Ries. —

Fragt der geneigte Leser, wie ich, der unbedeutende Kunstdilettant es habe wagen dürfen, mich auf eines der blütenreichsten Gebiete der Literatur zu begeben; so möge es mich entschuldigen, wenn ich ihm entgegne, daß ich den verherrlichten Meister schon in meinen frühen Jugendjahren verehren lernte, wenn ich im engeren Daheim Louis Berger's, des berühmten Klaviervirtuosen und Tonsetzers unvergleichlichem Vortrage Beethoven'scher Sonaten lauschte, mit Begeisterung in der Oper des Meisters Fidelio, im Concertsaale seine sinfonischen Riesenwerke in hoher Vollendung hörte und mich selbst an seinen Quartetten versuchte, die ja von denen Haydn's und Mozart's nicht mehr zu trennen waren, in dem Trifolium aber mit geistig anregender Färbung vorleuchteten.

Möge denn der kleine Zweig mit freundlicher Nachsicht aufgenommen werden, den ich als Beitrag zu den Kränzen überreiche, die dem deutschen Tonfürsten in der großen Zeit des Sieges einheitlicher deutscher Kraft über corsische Tyrannei geflochten werden. Auch Er hat einen Sieg errungen über gallische Eindringlinge, welche mit süßem Gifte berauschend, den ernsten deutschen Sinn gefangen nahmen. Er hat den Grund gelegt zu einer neuen schwungvollen Kraftentwickelung auf dem Gebiete der Tonkunst. Seine Werke werden jedes monumentale Zeichen der Verehrung überbauern, sie sichern ihm einen unsterblichen Namen für alle kommende Zeiten.

Geschrieben im September 1870.

E. F. Jahn.

—— · · ——

Ludwig van Beethoven, der Heros der Kunstge=
nossen seiner Zeit, wurde am 17. Dezember 1770
in der Rheinstadt Bonn geboren. — Sein Vater
Johann van Beethoven, Tenorist in der Ka=
pelle des Kurfürsten von Köln, hatte sich mit Helene Keverich
aus Ehrenbreitenstein, Wittwe des verstorbenen kurfürstlichen
Kammerdieners Laym verheirathet. Schon sein Großvater
Ludwig van Beethoven, aus den Niederlanden stam=
mend, war unter dem Kurfürsten Clemens August Bassist
und unter Maximilian Friedrich Hofkapellmeister.
Der als Mensch wie als Künstler sehr geachtete alte Mann
starb, als unser Ludwig drei Jahre alt war. Dieser Ver=
lust wurde in der Familie des Sohnes, welche der Verstor=
bene bis dahin nach Kräften unterstützt hatte, hart empfun=
den; denn der erstere bezog nur ein geringes Gehalt und
verbrauchte, dem Trunke ergeben, mehr, als er einnahm.
Als ihm bald darauf noch zwei Söhne geboren wurden,
stieg die Noth in der Familie immer höher, trotz aller
Thätigkeit und Sparsamkeit der in jeder Beziehung muster=
haften Hausfrau und Mutter. Es konnte nicht fehlen,
daß diese Zustände oft zu den widerwärtigsten Erörterun=
gen zwischen den beiden Eheleuten führten, die das kind=
liche Herz unseres Ludwig umdüsterten, welches mit heißer
Liebe für die beklagenswerthe Mutter schlug, während der
Vater keine dem ähnliche Empfindung in ihm wecken konnte.
Ludwigs Talent lag am Tage, aber die rauhe Art und Weise,
wie der Vater es weckte, indem er dem kaum vierjährigen

1

Knaben Unterricht auf dem Klaviere und auf der Geige ertheilte, war nicht geeignet, ihm Liebe für die Kunst einzu-
flößen. Dem Vater lag nur daran, den Sohn durch Strenge
für den möglichst frühzeitigen Erwerb abzurichten.

Zu seinem Glücke blieben Ludwigs ungewöhnliche An-
lagen späterhin von Andern nicht unbeachtet, die sich zu dem
Knaben hingezogen fühlten und sich seiner Ausbildung mit
Liebe unterzogen. Der Musikdirector Pfeiffer übernahm
es, ihm Unterricht auf dem Klaviere zu ertheilen und ihn in
die Theorie der Musik einzuführen. Er verstand es, die
fast unterdrückte Freudigkeit des Knaben für die Kunst neu
zu beleben. Nächst Pfeiffer trat der Hoforganist van der
Eden als Lehrer ein und unterrichtete ihn zuerst unentgeltlich, späterhin auf Kosten des Kurfürsten, der mit großer
Theilnahme von der rapiden Entwickelung des jugendlichen
Talentes Kenntniß genommen hatte. Als Eden starb, wurde
dieser durch den Hoforganisten Neefe ersetzt, der mit Ludwigs Unterrichte auf dem Klaviere und im Orgelspiele zugleich das Studium des Generalbasses und die Compositionslehre verband und ihn mit den Meisterwerken der alten deutschen Klassiker Sebastian Bach und Händel, so wie mit den
Schöpfungen Gluck's, Haydn's und Mozart's bekannt machte.
Schon in seinem elften Jahre hatte der Knabe nicht nur alle
technische Schwierigkeiten des Klavierspiels überwunden —
er spielte Bach's „Wohltemporirtes Klavier" mit vollendeter
Künstlerschaft —, trug sogar bereits freie Phantasieen auf
der Orgel vor und machte die ersten Versuche in der Composition. In letzter Beziehung werden „Neun Variationen
über einen Marsch von Dressler", vorzugsweise aber drei
Klaviersonaten in Es-dur, F-moll und D-dur hervorgeho-
ben, welche 1783 erschienen, obgleich der Componist selbst
diese Erstlinge noch nicht der Ehre werth erachtet hat, sie
mit einer Opus-Nummer zu bezeichnen. Diese Bezeichnung
erhielten zuerst die acht Jahre später componirten drei Trios
für Pianoforte, Violine und Violoncell, dem Fürsten Lichnowsky gewidmet.

Während Ludwigs künstlerisches Talent sich bis zur Genialität entwickelte, blieb bezüglich seiner wissenschaftlichen Ausbildung und äußeren Formation viel zu wünschen übrig. Er würde namentlich in ersterer Beziehung gern ein Mehreres gethan haben, aber im Hinblicke auf die traurigen Verhältnisse im Vaterhause, auf seine gramerfüllte brave Mutter und die jüngeren Brüder, hielt er sich verpflichtet, seine Zeit und Kräfte für deren Existenz zu verwenden, indem er Kindern kleiner Bürger Unterricht ertheilte, und den Ertrag in den Schooß der Mutter ausschüttete. — So lernte der noch nicht zum Jünglinge herangereifte hochherzige Knabe das Leben nur von der ernstesten Seite kennen. Wegen des Rufes seines Vaters und im Bewußtsein seiner Dürftigkeit glaubte er sich in den besseren Kreisen der Gesellschaft gemieden. In seinem Innern kämpften leidenschaftliche Gefühle, die keine Befriedigung, wohl aber in seinem finstern Blicke, seiner Wortkargheit und in seinem scheuen Wesen ihren Ausdruck fanden. — Zwang war ihm unerträglich und konnte ihn zum Trotze verleiten. Der Druck, unter welchem er lebte, erzeugte unwillkürlich das Sehnen nach Freiheit und Unabhängigkeit. Empfänglich für alles Erhabene und Schöne, riß das großartigste Naturereigniß ihn zur Begeisterung hin und zu derartigen Beobachtungen boten die herrlichen Umgebungen der Vaterstadt, der majestätische Strom, das Siebengebirge die beste Gelegenheit. Wenn die sich steigernde Disharmonie in der armseligen Häuslichkeit ihn mit Sorgen und Schmerz erfüllte, stürmte er hinaus in den freien Gottestempel und ließ dann neubeseelt heimkehrend auf Orgel und Klavier die empfangenen Eindrücke in Tönen ausströmen, die beredter waren, als sein Mund. Zu den Persönlichkeiten, welche aus warmer Theilnahme an dem Geschicke Beethovens sich berufen fühlten, ihn in Kreise einzuführen, in denen er auch Gelegenheit fand, sich die ihm mangelnde äußere Bildung anzueignen, gehörte der damalige Studiosus, spätere geheime Medizinalrath Dr. Wegeler. Dieser öffnete ihm den Eingang in das sehr angesehene Haus der ver-

1*

wittweten Hofräthin v. Brenning. Hier fühlte Beethoven
sich bald heimisch. Die Hofräthin, eine Frau von eben so
hervorragender Bildung als seltener Herzensgüte, wurde ihm
eine mütterliche Freundin und ihre drei Söhne Stephan,
Christoph, Laurenz und ihre Tochter Leonore kamen
ihm in treuherziger Weise entgegen. Den letzteren beiden
mußte er Unterricht ertheilen. Hier wurde der Wissenschaft
und der Kunst nach allen Richtungen hin gehuldigt, insbesondere viel musizirt. Hier traf Beethoven mit seinem Lehrer, dem
Violinisten und Kapellmeister Franz Ries und verschiedenen
Mitgliedern der kurfürstlichen Kapelle zusammen, hier machte
er die Bekanntschaft mit den beiden Romberg, Andreas
dem Violinisten und Bernhard dem Cellisten. Hier fand und
nützte er die Gelegenheit, sich mit den klassischen Dichterwerken
der Deutschen, Griechen und Römer bekannt zu machen. Hier
wurde Ludwigs jugendliches Herz zuerst durch den Liebreiz
einer anmuthigen jungen Dame entflammt, Jeanette
b'Honrath aus Köln, welche sich zum Besuche im von
Brenning'schen Hause befand. Mag man diese seine Leidenschaft im Hinblicke auf Alter und Verhältnisse eine Thorheit
nennen, sie war jedenfalls der Götterfunke, ohne welchen
Beethoven nimmermehr die Lieder componirt hätte, welche
uns heute noch entzücken und als Ergüsse des tiefsten Empfin
bens nie veralten werden.

Um dieselbe Zeit sah Beethoven sich durch die Gunst
eines hochgestellten Mannes geehrt, der von dem größten
Einflusse auf die Gestaltung seiner Zukunft war. Der Deutsch-
ordensritter, Graf von Waldstein, Liebling des jungen
Kurfürsten, Erzbischofs Max Franz und enthusiastischer
Musikfreund, welcher mit großem Interesse von dem Talente
Beethovens Kenntniß genommen hatte, forderte ihn auf, zu
einem von ihm für den Karneval arrangirten Ritterballet
die Musik zu liefern. Die Musik hatte sich so allgemeinen
Beifalls zu erfreuen, daß der Graf hieraus Veranlassung
nahm, dem fünfzehnjährigen Beethoven durch seine Verwendung bei dem Kurfürsten, die neu creirte Stelle als zweiter

Hoforganist zu verschaffen und ihn bei Hofe einzuführen.

Bald darauf, in der Charwoche kam es in der Kirche zwischen dem neugeschaffenen Organisten und dem sonst als tonfest bekannten Hofsänger Heller in Frage: ob es jenem gelingen möchte, letzteren zum unrichtigen Einsatze zu verleiten? Heller hielt dies für unmöglich; der ihn begleitende Beethoven aber modulirte in so bewundernswerther Weise, daß der Sänger sich nicht mehr zurechtfinden konnte und zum Ergötzen des anwesenden Franz Ries und des Violinisten Lucchesi sich gefangen geben mußte. Der bald in weiteren Kreisen bekannt gewordene Scherz erregte zwar auch das beifällige Lächeln des Kurfürsten, jedoch empfahl er seinem Schützlinge, zu dergleichen einen passenderen Ort zu wählen.

Das häufige Orgelspiel mochte wohl die Ursache sein, daß bei der unübertrefflichen Fertigkeit, mit welcher Beethoven auf dem Klaviere excellirte, die Eleganz des Vortrages vermißt wurde. Er hatte bis dahin noch keinen, alle Vorzüge des Virtuosenthums in sich vereinigenden Klavierspieler gehört. Es war daher für ihn von großem Vortheile, daß er bei Gelegenheit einer zeitweisen Uebersiedelung der Kapelle nach Aschaffenburg, während der Kurfürst seine Residenz in Mergentheim nahm, Sterkel kennen lernte, der sich damals eines großen Rufes zu erfreuen hatte. Beethoven erkannte sogleich, was ihm noch fehle, aber auch, daß es unschwer zu ersetzen sei. Er lieferte auf der Stelle den Beweis, indem er Variationen von Sterkel über „Vieni amore" von Righini, welche der Componist als unausführbar für den jungen Mann hielt, meisterhaft aus dem Gedächtniß vortrug und ungleich schwierigere Variationen eigener augenblicklicher Erfindung in discretester Ausführung hinzufügte. — So, wie er hier Bewunderung erregte, geschah es nicht minder, indem eines Tages der Kurfürst ihm die Klavierstimme zu einem neuen, ihm unbekannten Trio von Pleyel vorlegen ließ, um sie neben den beiden andern Stimmen prima vista zu spielen. Erst nach dem Schlusse machte

er bemerklich, daß im Adagio seiner Stimme zwei Takte fehl=
ten, die er jedoch, ohne dadurch gestört zu werden, so geschickt
ergänzt hatte, daß es Keinem aufgefallen war. Der fürst=
liche Herr war aber von der Geistesgegenwart und von den
riesigen Fortschritten des jugendlichen Künstlers so eingenom=
men, daß er ihn zu seinem Kammermusikus ernannte. Wäh
rend das Schicksal ihm auf der einen Seite hold war, führte
es ihn auf der andern in Versuchung, indem sein Freund
Stephan v. Breuning und die von Beethoven angebetete
übermüthige Jeanette einen zu weit getriebenen Scherz aus=
führten, der den hoffnungslos Liebenden compromittirte und
dergestalt entrüstete, daß er sich von der Familie der Hof=
räthin zurückzog. Sein Freund Wegeler trat aber versöh=
nend in die Schranken. Jeanette kehrte zu den Ihrigen nach
Köln zurück und wurde bald darauf die Gattin eines öster=
reichischen Werbeoffiziers, der später zum General avancirte.
Es währte lange, ehe Beethoven den Trennungsschmerz zu
überwinden vermochte, aber sein guter Genius brachte ihm
Tröstung, indem der Kurfürst, welcher wohl einsah, daß
Bonn seinem Talente einen zu beschränkten Wirkungskreis
bot, ihn gegen Ende 1786 in Begleitung des Grafen von
Waldstein, mit schriftlicher Empfehlung an seinen Bruder,
den Kaiser Joseph und mit den nöthigen Geldmitteln ver=
sehen, auf einige Monate nach Wien beurlaubte, dem dama=
ligen Glanzpunkte der Tonkunst, durch Gluck, Haydn und
Mozart belebt. Hier trat er in eine neue Welt, die ihm
kaum geahnte Genüsse bot. Hier hörte er Gluck'sche und
Mozart'sche Opern und Haydn'sche Sinfonien unter Salie=
ri's Orchesterleitung in ihrer ganzen Vollkommenheit, die
Bühne führte ihm die Dramen Schiller's, Göthe's, Lessing's
vor. Er hätte nun gern die großen Meister der Tonkunst per=
sönlich kennen gelernt, aber Gluck*) lag krank, Haydn war auf
Reisen und Mozart schwer zugänglich. Das Empfehlungsschrei=
ben an den Kaiser, welches Beethoven aus Schüchternheit

*) Gluck starb am 15. November 1787.

geraume Zeit zurückgehalten hatte, mußte endlich heraus und bewirkte ihm Audienz und die allergnädigste Aufnahme Seitens des kunstliebenden kaiserlichen Herrn, der denn auch an demselben Tage noch Beethoven mit Mozart zusammenführte. Der letztere, bereits von dem Talente des jungen Künstlers in Kenntniß gesetzt, forderte ihn zum Variiren eines Mozartschen Thema auf. Beethoven, beseligt durch die Huld des Kaisers und geehrt durch die Bekanntschaft mit dem großen Meister, führte seine Aufgabe in zum Theile so originellen, wunderſamen Modulationen und mit so brillanter Technik durch, daß die Zuhörer staunten und Mozart den Ausspruch machte: „Auf den gebt Acht, der wird einmal in der Welt von sich reden machen."

Gern wäre Beethoven in Wien geblieben, aber er sah sich gezwungen, noch einmal nach Bonn zurückzukehren, wo er mit seinem Gönner gegen Ende des Frühlings 1787 eintraf, um hier noch fünf Jahre hindurch seine alte Thätigkeit fortzusetzen.

Bald nach seiner Ankunft starb seine von ihm so heiß geliebte Mutter. Wenngleich durch ihren Tod in dem Gatten Gewissensbisse geweckt wurden, sie waren nur vorübergehende. Er vermochte es nicht mehr, seiner unglücklichen Neigung Schranken zu gebieten, und so ging denn die Sorge für den Unterhalt und die Erziehung seiner beiden jüngeren Söhne ausschließlich auf unsern edelgesinnten Beethoven über, der mit verdoppelten Kräften zu erzielen bestrebt war, was er als Pflicht erkannte. So schwer es ihm wurde, sich noch mit dem Unterrichte auf dem Klaviere zu befassen, sah er sich dennoch dazu genöthigt und dieser Umstand führte ihn u. A. auch in das Haus des Grafen v. Westphal, dessen Nichte er zu unterrichten übernahm. Die große Liebenswürdigkeit der jungen Dame entflammte aber sein leicht entzündbares Herz und riß ihn zu einem unbesonnenen Geständnisse hin, welches dem Unterrichte ein jähes Ende bereitete. Es will behauptet werden, daß Beethoven diese seine zweite Liebe in der unsterblichen Abelaide besungen habe.

Im Juni 1792 ging sein Wunsch in Erfüllung, Haydn's persönliche Bekanntschaft zu machen, indem dieser auf seiner Rückkehr aus England nach Wien, Bonn berührte. Ihm zu Ehren hatte die kurfürstliche Kapelle ein Frühstück in Godesberg veranstaltet. Beethoven benutzte diese Gelegenheit, dem berühmten Meister eine Cantate vorzulegen, über welche dieser sich in aufmunternder Weise beifällig äußerte.

Beethoven's Sehnsucht nach Wien erhielt hierdurch neue Nahrung. Die Ruhe in seiner Vaterstadt wurde durch das Vorbringen der französischen Truppen gestört, sein Vater starb, und da der Kurfürst Max Franz ihm zu seiner Existenz in der Kaiserstadt einstweilen den Fortgenuß seiner Emolumente gewährte; so bereitete er sich zum Abschiede von Bonn vor, nachdem er zuvor das von seinem Vater verpfändete, ihm unschätzbare Bildniß des Großvaters eingelöst und seine Brüder der Obhut seines Freundes Wegeler anvertraut hatte. Sein Gönner, der Graf Waldstein schrieb ihm am 29. October 1792:

„Lieber Beethoven! Sie reisen jetzt nach Wien zur Erfüllung Ihrer so lange bestrittenen Wünsche. Mozart's Genius trauert noch und beweint den Tod seines Zöglings.*) Bei dem unerschöpflichen Haydn fand er Zuflucht, aber keine Beschäftigung, durch ihn wünscht er noch ein Mal mit Jemand vereinigt zu werden. Durch ununterbrochenen Fleiß erhalten Sie Mozart's Geist aus Haydn's Händen."

Von solcher Theilnahme begleitet und mit den besten schriftlichen Empfehlungen an hochgestellte, einflußreiche Persönlichkeiten versehen, begab Beethoven sich einen Monat später auf die Reise nach Wien, auf welcher er, abgesehen von der Beschwerlichkeit, noch mit der Verlegenheit zu kämpfen hatte, daß ihm unterwegs die Geldmittel ausgingen und er die Hilfe eines Freundes in Anspruch nehmen mußte.

Beethoven hatte sich durch seine erste Anwesenheit in Wien ein so gutes Andenken gesichert, daß man ihm bei der

---

*) Mozart starb am 5. Dezember 1791.

Beethoven's Geburtshaus in Bonn.

Beethoven getauft am 17. Dec. 1770, also muthmasslich geboren am 16. December.
Sein Geburtshaus ist damals bezeichnet gewesen: „Bonngasse 515".

Rückkehr mit der größten Freundlichkeit entgegenkam. — Haydn wurde sein Lehrer in der Composition, Albrechtsberger im Contrapunkte und Salieri in der dramatischen Musik. — Zu den vielen vornehmen Familien, in denen damals der Adel des Geistes mit dem der Geburt auf gleicher Stufe stand, gehörte die des Fürsten Lichnowsky, in dessen Hause Beethoven wohnen mußte und die liebevollste Begegnung fand.

Der Fürst Karl Lichnowsky, ein Schüler Mozarts, zählte zu den hervorragendsten Kunstbilettanten, sein Bruder, Graf Moritz Lichnowsky, ebenfalls durch Mozart musikalisch gebildet, gab sich Beethoven mit besonderer Theilnahme hin, und die Fürstin Christiane wurde ihm eine Beschützerin, die selbst seine auffälligsten Schroffheiten mit Milde beurtheilte. Während der Kurfürst Max Franz ihm das noch eine Zeit lang gewährte Organisten-Gehalt zu entziehen, durch die Verhältnisse genöthigt wurde, gewährte der Fürst Lichnowsky ihm ein Jahreseinkommen von 600 Gulden. — Einen besonders einflußreichen Gönner fand Beethoven in dem Freiherrn van Swieten, der, ein Freund Haydn's und Mozart's und Verehrer der Werke Bach's und Händel's, sich große Verdienste um die Musik in Wien erwarb, daselbst als erster Kunstmäcen die ersten Künstler in seinem Hause versammelte, sich Beethoven's mit großer Vorliebe annahm und ihn überall einführte, wo man sein großes Talent zu würdigen verstand und ihm Gelegenheit wurde, dasselbe zu vervollkommnen. So trat er namentlich auch dem, als gründlicher Lehrer ausgezeichneten, durch seine Oper: „Der Dorfbarbier" weit und breit bekannten Componisten Johann Schenk näher, zu welchem er sich mehr hingezogen fühlte, als zu Haydn. Neben diesem übernahm Schenk den Unterricht Beethoven's im Contrapunkte und in der Compositionslehre, jedoch, um Haydn nicht zu kränken, unter Bedingung des Geheimhaltens und unter Verzichtleistung auf jede Vergütigung dafür vom August 1793 an. Haydn schien in Beethoven einen gefährlichen Rival zu er-

blicken; dieser mißtraute jenem und war nicht zu bewegen,
sich anf dem Titelblatte der dem Lehrer dedicirten drei Sonaten op. 2 als dessen Schüler zu bekennen. — Die Lehrer
Beethoven's sind einig über seine Lernbegier, aber ebenso
über seinen Eigenwillen, wenn die strengen, von den Alt-
klassikern überkommenen theoretischen Formen ihm zu been-
gend erschienen. Es bewährte sich, wenn Wilh. v. Humboldt
sagt: „Das selbstschaffende Genie hat nicht die Weile des
ruhigen Auffassens."

Der Freiherr van Swieten stand an der Spitze eines
Vereins, welcher sich mit der Aufführung von Oratorien von
Händel, Bach und Hasse beschäftigte, während im fürstlich
Lichnowsky'schen Hause die Kammermusik ihre Vertretung
fand. Hier benutzte Beethoven die Gelegenheit, die Eigenthüm-
lichkeiten und Wirkungen sowohl der Streich- als der Blasinstru-
mente auf das Genaueste kennen zu lernen. — In ähnlicher
Weise, wie Fürst Lichnowsky, vereinte der russische Gesandte am
Wiener Hofe, Graf Rasumowsky, selbst geschickter Dilet-
tant, die ersten musikalischen Autoritäten in seinem Hotel.
Er engagirte ein feststehendes Quartett mit lebenslänglichem
Gehalte, aus den Berühmtheiten: Schuppanzigh I. Violine, Sina II. Violine, Weiß Bratsche und Linke Violoncell, bestehend, welches insofern für Beethoven von großer
Wichtigkeit wurde, als der Graf es ihm Behufs Ausführung
seiner eigenen Compositionen zur beliebigen Verfügung stellte.
So kamen denn unter Beethoven's persönlicher Anleitung hier
seine Tonschöpfungen durch Künstler ersten Ranges, welche
den jungen Meister verehrten, zum vollendetsten Vortrage.

Außer den schon genannten, fand Beethoven viele andere Gönner unter den die Kunst pflegenden Persönlichkeiten
des hohen Adels, als: die Fürsten Esterhazy, Liechten-
stein, Lobkowitz, Schwarzenberg, Auersperg,
Kinsky, Trautmannsdorf, die Grafen Erdödy,
Czernin, Harrach, Fries, Appony, Sinzendorf
u. s. w., gegen welche er sich durch Widmung seiner Werke
dankbar bewies. Beethoven's Dedicationen documentiren

einen Zeitabschnitt, in welchem der hohe Adel, welcher den kaiserlichen Hof umgab, seine Reichthümer mit Vorliebe der Kunst und Wissenschaft opferte, eine Epoche, in welcher die edelste Geschmacksrichtung ohne alle Glänzsucht vorherrschend war.

Am kaiserlichen Hofe fanden damals regelmäßig größere Concerte mit vollem Orchester statt, bei denen der Kaiser Franz an der ersten Violine mitwirkte und die Kaiserin Theresia sich als kunstgebildete Sängerin hören ließ. Dirigenten dieser Concerte waren Salieri und Weigl.

Neben allen diesen günstigen Umständen hatte Beethoven noch die Freude, seinen alten Bonner Freund, Stephan von Breuning als kaiserlichen Hofrath, in den Jahren 1794 bis 1796 auch seinen treuen Dr. Wegeler, zur Fortsetzung seiner Studien in Wien, in seiner Nähe zu haben.

Im Herbste des letzteren Jahres unternahm der junge Meister, dessen Leistungen ihm bereits den besten Ruf in ganz Deutschland und über seine Grenzen hinaus erworben hatten, eine Kunstreise über Prag und Leipzig nach Berlin und erregte vor Allem durch seine geistvollen Improvisationen auf dem Klaviere die größte Bewunderung, namentlich am Berliner Hofe, in Folge dessen der Musik liebende König Friedrich Wilhelm II. ihm die Erlaubniß zur Dedication der beiden Sonaten mit Cello, op 5 ertheilte. Nach seiner Rückkehr hat er Wien nie mehr verlassen.

Beethoven hätte unter den Verhältnissen, welche sich ihm eröffnet hatten, ein glückliches Leben führen können; aber es wurde ihm zunächst durch seine Brüder verbittert, die ihm nach Wien folgten und von denen der ältere, Karl, auf seine Verwendung eine Anstellung bei der Nationalbank erhielt; der zweite, Johann, war Apothekergehilfe. Beide vergalten die Opfer, welche Beethoven ihnen gebracht und noch brachte, mit dem empörendsten Undanke, indem sie sich u. A. sogar bemühten, seine näheren Freunde von ihm fern zu halten. Wenn er es erfuhr und ihnen Vorwürfe machte, genügten einige Thränen, um seine Verzeihung zu erlangen. Sie ver-

schacherten die Manuscripte des Bruders, bevormundeten ihn
und erreichten ihre böslichen Absichten um so sicherer, nachdem im Jahre 1793 das traurige Geschick der Harthörig-
keit über ihn hereingebrochen war, welche die Unterhaltung
mit ihm erschwerte. Er selbst sagt in einem Briefe an Wegeler vom Jahre 1800: „Mein Gehör ist seit drei Jahren
immer schwächer geworden und zu diesem Gebrechen soll
mein Unterleib, der schon damals, wie Du weißt, elend war,
hier aber sich verschlimmert hat, die erste Veranlassung gegeben haben. — — Ich bringe mein Leben elend zu, seit
zwei Jahren meide ich alle Gesellschaften, weil's mir nicht
möglich ist den Leuten zu sagen: ich bin krank. Hätte ich
ein anderes Fach, so ging's noch eher, aber in meinem Fache
ist das ein schrecklicher Zustand; dabei meine Feinde, deren
Zahl nicht geringe ist, was würden diese hierzu sagen! — Um
Dir einen Begriff von dieser wunderbaren Taubheit zu geben,
so sage ich Dir, daß ich mich im Theater ganz dicht am
Orchester anlehnen muß, um den Schauspieler zu verstehen.
Die hohen Töne von Instrumenten, Singstimmen, wenn ich
etwas weit weg bin, höre ich nicht; im Sprechen ist es zu
verwundern, daß es Leute giebt, die es niemals merkten;
da ich meistens Zerstreuungen hatte, so hält man es dafür.
Manchmal auch hör' ich den Redenden, der leise spricht,
kaum, ja die Töne wohl, aber die Worte nicht; und doch
sobald Jemand schreit, ist es mir unausstehlich. Was es
nun werden wird, das weiß der liebe Himmel. Vering*)
sagt, daß es gewiß besser werden wird, wenn auch nicht
ganz. Ich habe schon oft mein Daseyn verflucht; Plutarch
hat mich zur Resignation geführt.“
   Später unterzog er sich der Kur eines Paters an der
Stephanskirche, Namens Weiß, welcher sich durch Heilung
Gehörkranker einen gewissen Ruf erworben hatte. In einem
Briefe ebenfalls an Dr. Wegeler vom 16. November 1801
schreibt er: „Meine Jugend, ja ich fühle es, sie fängt

---

*) Sein Arzt.

erst jetzt an*); war ich nicht immer ein siecher Mensch? Meine körperliche Kraft nimmt seit einiger Zeit mehr als jemals zu und so meine Geisteskräfte. Jeden Tag gelange ich mehr zu dem Ziel, was ich fühle, aber nicht beschreiben kann. Nur hierin kann Dein Beethoven leben. Nichts von Ruhe! — ich weiß von keiner andern, als dem Schlaf, und wehe genug thut mir's, daß ich ihm jetzt mehr schenken muß, als sonst. Nur halbe Befreiung von meinem Uebel, und dann — als vollendeter reifer Mann komme ich zu euch, erneuere die alten Freundschaftsgefühle."

Zu den eben erwähnten Prüfungen des edelgesinnten Meisters gesellen sich die der Eifersucht entspringenden Anfeindungen der Fachgenossen sowie die Gehässigkeit und das beschränkte Begriffsvermögen einzelner Kritiker. So sagt einer derselben über die drei Sonaten op. 12: „Herr van Beethoven geht einen eigenen Gang; aber was ist das für ein bizarrer, mühseliger Gang! Gelehrt, gelehrt und immerfort gelehrt und keine Natur, kein Gesang! Ja, wenn man es genau nimmt, so ist auch nur gelehrte Masse da, ohne gute Methode; eine Sträubigkeit, für die man wenig Interesse fühlt, ein Suchen nach seltener Modulation, ein Ekelthun gegen gewöhnliche Verbindung, ein Anhäufen von Schwierigkeit auf Schwierigkeit, daß man alle Geduld und Freude dabei verliert."

Dergleichen Urtheile in einer Epoche, welche durch die Namen Haydn und Mozart bezeichnet ist, welche auch viel später noch von solchen gehört wurden, die des Verständnisses entbehrten, können nicht befremden und mögen Beethoven höchstens ein Bedauern entlockt haben. Beethoven selbst schreibt an Hofmeister in Leipzig, wo die Kritik sich in ungebührlicher Weise über seine Compositionen ausgelassen hatte: „Lasse man sie doch nur reden, sie werden gewiß niemand durch ihr Geschwätz unsterblich machen, so wie sie auch nie-

*) Andeutung auf eine neue zärtliche Hinneigung zu einem schönen Mädchen.

mand die Unsterblichkeit nehmen werden, dem sie vom Apoll
bestimmt ist."

Bis zu Ende des Jahres 1800 waren bereits die als
op. 1 bis 15 im angeschlossenen Kataloge verzeichneten und
verschiedene, nur mit Nummern versehene Werke erschienen,
darunter die „Sonate pathétique" op. 13, welche der Kritik,
die sich keine Idee von der unerschöpflichen Fruchtbarkeit des
genialen Künstlers machen konnte, Veranlassung gab, demselben eine größere Haushaltung in der Production zu em-
pfehlen. Auch von den später erst herausgegebenen, mit einer
höheren Nummer bezeichneten Werken, gehören nicht wenige
noch zu den Schöpfungen aus dem verflossenen Jahrhunderte,
z. B. op. 16, 17, 18, 19, 20, 21, 22, 33, 37, 39, die Adelaide, op. 46, das Oratorium Christus am Oelberge op. 85.

Inzwischen hatte der Verein seiner Freunde sich durch
das Hinzutreten des kaiserlichen Hofsecretair Nikolaus von
Zmeskall, des Grafen v. Brunswick, der Barone Joseph v. Gleichenstein und Pasqualati, des Dichters
und Componisten F. A. Kanne, des Philologen Oliva
und des Dichters Karl Bernard erweitert.

Das künstlerische Schaffen Beethoven's zer-
fällt in drei Hauptepochen. In der ersten bis incl.
1800 nähert er sich, ungeachtet der entschieden hervortreten-
den Originalität noch dem Style und Charakter Haydn's
und Mozart's. In der zweiten Epoche von 1801 bis 1814
erscheint seine eigenthümliche, freie Richtung vollständig aus-
geprägt; die dritte Epoche von 1815 bis zum Tode des
Meisters zeigt mehr und minder die Seelenzustände eines
vom Schicksale hart geprüften, die Außenwelt fliehenden Ein-
siedlers. — Insofern die sinfonischen Dichtungen zu den
großartigsten musikalischen Schöpfungen Beethoven's gehören,
mag zur Charakterisirung derselben hier eingeschaltet werden,
was E. v. Elterlein darüber sagt: „So groß die Zahl der
Sinfonieen Haydn's und Mozart's ist, wir vermögen doch
sie in einem idealen Mittelpunkte zu vereinigen: als Eine
Welt uns zum Gefühlsverständniß zu bringen. Denn sie

sind nur von Einer Idee getragen, ihr idealer Mittelpunkt
ist nur Einer, bei Haydn die reine kindliche Idealität, bei
Mozart die schöne freie harmonische Menschlichkeit; sie sind
nur Modifikationen dieser Einen Idee. Anders ist es mit
den Sinfonieen Beethoven's. Zwar ist es der Zahl nach
nur eine kleine Schaar, die jetzt den Schauplatz der Geschichte
betritt: aber diese Neunzahl ist eine Neunzahl von Welten,
wo dort nur je Eine Welt war; jede eine wirkliche unermeß-
liche Sonne für sich, in sich selbst ein geistiger Mittelpunkt,
sich frei um sich selbst bewegend, während dort nur Eine
unsichtbare Sonne eine Reihe von Trabanten zur Einheit
zusammenschließt. Nicht als ob nicht auch für jene Neunzahl ein höheres ideales Band vorhanden, so wollten wir
sagen, wir wollten nur das neue Verhältniß, das wir jetzt
vor uns sehen, in seiner ganzen Riesenhaftigkeit bildlich ver-
gegenwärtigen. Suchen wir jetzt die neun Sinfonieen kurz
zu charakterisiren: In der ersten Sinfonie (C-dur) tritt uns
eine kleine Idylle des Herzens entgegen; die zweite (D-dur)
giebt uns ein Bild des vollen Jünglingslebens in muthiger
Kraftäußerung und holdem Liebesstreben; die dritte (Es-dur)
führt uns in eine Welt des kühnen Heroismus; die vierte
(B-dur) enthüllt uns die Wunder einer romantischen Welt;
die fünfte (C-moll) bietet uns das Schauspiel eines tragi-
schen Kampfes mit dem Schicksale, dem der Sieg der Freiheit folgt; die sechste (F-dur) versenkt uns in die allliebende
Natur; die siebente (A-dur) verkündet uns die ganze und
volle menschliche Daseyns-Freudigkeit; die achte (F-dur) ver-
setzt uns in eine Welt des Humors, und die neunte (D-moll)
rollt vor uns auf eine Hölle und einen Himmel des Ge-
müths."

Kehren wir nach dieser Einschaltung zum Anfange der
zweiten Periode zurück; so erblicken wir in dem einunddrei-
ßigjährigen Manne den ausgebildeten Meister, der die Lern-
zeit hinter sich hat, der unbeirrt den Eingebungen folgt, wie
sie sich in seinem rastlosen Geiste und tief empfindenden Herzen gestalten. Er verachtet nicht das Alte, auf dem seine

muſikaliſche Bildung baſirt iſt, aber er geht jetzt ſeinen eige=
nen Gang. Seine Welt als Künſtler findet er in der Na=
tur, in den Ereigniſſen ſeines Lebens und in der Geſchichte;
er haſcht nicht nach Effekten, ſie finden ſich von ſelbſt, indem
er ſeine Gedanken bald in kräftigen, bald in zarten Zügen,
aber mit Wahrheittreue niederſchreibt, wie er ſie empfindet.

Es iſt ſchon oben erwähnt worden, daß Beethoven's Herz
für weibliche Schönheit ſehr empfänglich war und daß dieſe
Leidenſchaft nicht ohne Einfluß auf das Bezaubernde ſeiner
Compoſitionen geweſen iſt. Sein Schüler Ferdinand Ries
ſagt: „Beethoven ſah Frauenzimmer ſehr gerne, beſonders
ſchöne, jugendliche Geſichter. . . . Er war häufig ſehr ver=
liebt, aber meiſtens anf kurze Dauer.“ Beethoven ſelbſt
ſchreibt unterm 16. November 1801 an ſeinen Freund We=
geler: „Etwas angenehmer lebe ich jetzt wieder, indem ich
mich mehr unter die Menſchen gemacht. Du kannſt es
kaum glauben, wie öde, wie traurig ich mein Leben ſeit
zwei Jahren zugebracht, wie ein Geſpenſt iſt mir mein ſchwa=
ches Gehör überall erſchienen, und ich floh die Menſchen,
mußte Miſantrop ſcheinen und bin's doch ſo wenig. — Dieſe
Veränderung hat ein liebes, zauberiſches Mädchen hervor=
gebracht, das mich liebt, und das ich liebe; es ſind ſeit zwei
Jahren wieder einige ſelige Augenblicke, und es iſt das erſte
Mal, daß ich fühle, daß heirathen glücklich machen könnte;
leider iſt ſie nicht von meinem Stande, — und jetzt — könnte
ich nun freilich nicht heirathen: ich muß mich nun noch
wacker herumtummeln.“

Das zauberiſche Mädchen war die Gräfin Julie
Guicciardi, welche ſpäter dem Componiſten Grafen von
Gallenberg die Hand reichte und welcher Beethoven die be=
kannte herrliche, ſogenannte Mondſchein = Sonate Cis-moll,
op. 27 Nr. 2 widmete. Sein Schmerz über die Untreue der
von ihm Angebeteten war ſo groß, daß er nach Jedlerſee,
einem Gute der von ihm hochverehrten Gräfin Marie Erdödy,
im Marchfelde floh, wo er aber verſchwand, wahrſcheinlich,
um ſeinem Leben durch Verhungern ein Ende zu machen.

Nachdem man ihn drei Tage vermißt, fand ihn der Musik=
lehrer Brauchle in einem entlegenen Theile des Schloßgar=
tens. — Der Sturm seiner Gefühle findet in der D-moll-
Sonate op. 31 Nr. 2 seinen Ausdruck.

Mit der Fruchtbarkeit der Kunstproduktionen unseres
Meisters, — wir, verweisen die geneigten Leser auf den Ka=
talog — stieg zwar die Nachfrage Seitens der Verleger,
aber es fehlte auch nicht an Nachstich. Vielen Transscrip=
tionen und nicht immer geschickten Arrangements, wurde der
Name Beethoven's auf den Titel gesetzt. Der Autor der Ori=
ginale fand zu wenig Schutz gegen den Mißbrauch, der aber
den sprechendsten Beweis liefert, wie gesucht die Compositio=
nen Beethoven's waren.

Im Jahre 1802 erkrankte unser Meister in bedenklicher
Weise. Sein Arzt Dr. Schmidt empfahl ihm zu seiner Wie=
derherstellung den Aufenthalt in dem eine halbe Meile von
Wien entfernten Badeorte Heiligenstadt. Hier, wo er auch
in den folgenden Jahren verweilte, schrieb er, auf den Tod
vorbereitet, für seine Brüder eine Art Testament folgenden
Inhalts:

„Für meine Brüder Carl und . . . . . Beethoven.

O ihr Menschen, die ihr mich für feindselig, störrisch
oder misanthropisch haltet oder erkläret, wie unrecht thut ihr
mir, ihr wißt nicht die geheime Ursache von dem, was euch
so scheinet! Mein Herz und mein Sinn waren von Kind=
heit an für das zarte Gefühl des Wohlwollens. Selbst große
Handlungen zu verrichten, dazu war ich immer aufgelegt.
Aber bedenket nur, daß seit sechs Jahren ein heilloser Zu=
stand mich befallen, durch unvernünftige Aerzte verschlim=
mert, von Jahr zu Jahr in der Hoffnung gebessert zu wer=
den betrogen, endlich zu dem Ueberblick eines dauernden
Uebels (dessen Heilung vielleicht Jahre dauern oder gar
unmöglich ist) gezwungen. Mit einem feurigen lebhaften
Temperamente geboren, selbst empfänglich für die Zerstreuun=
gen der Gesellschaft, mußte ich früh mich absondern, einsam
mein Leben zubringen; wollte ich auch zuweilen mich einmal

2

über alles das hinaussetzen, o wie hart wurde ich durch die
verdoppelte traurige Erfahrung meines schlechten Gehörs dann
zurückgestoßen, und doch war's mir noch nicht möglich, den
Menschen zu sagen: sprecht lauter, schreit, denn ich bin taub!
Ach wie wäre es möglich, daß ich die Schwäche eines
Sinnes angeben sollte, der bei mir in einem vollkomme-
neren Grade als bei Andern seyn sollte, einen Sinn, den
ich einst in der größten Vollkommenheit besaß, in einer Vollkommenheit, wie ihn wenige von meinem Fache gewiß haben
noch gehabt haben! — O ich kann es nicht! — Drum ver-
zeiht, wenn ihr mich da zurückweichen sehen werdet, wo ich
mich gerne unter euch mischte. Doppelt wehe thut mir mein
Unglück, indem ich dabei verkannt werden muß. Für mich
darf Erholung in menschlicher Gesellschaft, feineren Unter-
redungen, wechselseitigen Ergießungen nicht Statt haben.
Ganz allein fast, und so viel als es die höchste Nothwendigkeit fordert, darf ich mich in Gesellschaft einlassen. Wie ein
Verbannter muß ich leben. Nahe ich mich einer Gesellschaft,
so überfällt mich eine heiße Aengstlichkeit, indem ich befürchte,
in Gefahr gesetzt zu werden, meinen Zustand merken zu lassen. — So war es denn auch dieses halbe Jahr, was ich
auf dem Lande zubrachte. Von meinem vernünftigen Arzte
aufgefordert, so viel als möglich mein Gehör zu schonen,
kam er fast meiner jetzigen natürlichen Disposition entgegen,
obschon, vom Triebe zur Gesellschaft manchmal hingerissen,
ich mich dazu verleiten ließ. Aber welche Demüthigung,
wenn Jemand neben mir stand, und von weitem eine Flöte
hörte und ich nichts hörte, oder Jemand den Hirten singen hörte, und ich auch nichts hörte! Solche Ereignisse
brachten mich nahe an Verzweiflung, es fehlte wenig, und
ich endigte selbst mein Leben. — Nur sie, die Kunst, sie
hielt mich zurück! Ach es dünkte mir unmöglich, die Welt
eher zu verlassen, bis ich das alles hervorgebracht, wozu ich
mich aufgelegt fühlte. Und so fristete ich dieses elende Leben, so wahrhaft elend, daß mich eine etwas schnelle Veränderung aus dem besten Zustande in den schlechtesten versetzen

kann. Geduld — so heißt es, sie muß ich nun zur Füh-
rerin wählen! Ich habe es. — Dauernd, hoffe ich, soll
mein Entschluß seyn, auszuharren, bis es den unerbittlichen
Parzen gefällt, den Faden zu brechen. Vielleicht geht es
besser, vielleicht nicht. Ich bin gefaßt. — Schon in meinem
28. Jahre gezwungen Philosoph zu werden. Es ist nicht
leicht, für den Künstler schwerer als für irgend Jemand. —
Gottheit, du siehest herab auf mein Inneres, du kennst es,
du weißt, daß Menschenliebe und Neigung zum Wohlthun
darin hausen! O Menschen, wenn ihr einst dieses leset, so
denkt, daß ihr mir unrecht gethan, und der Unglückliche, er
tröste sich, einen seines Gleichen zu finden, der trotz allen
Hindernissen der Natur doch noch Alles gethan, was in seinem Vermögen stand, um in die Reihe würdiger Künstler
und Menschen aufgenommen zu werden. — Ihr meine Brüder Carl und .... — sobald ich todt bin, und Professor
Schmidt lebt noch, so bittet ihn in meinem Namen, daß er
meine Krankheit beschreibe, und dieses hier geschriebene Blatt
füget ihr dieser meiner Krankengeschichte bei, damit wenigstens so viel als möglich die Welt nach meinem Tode mit
mir versöhnt werde. — Zugleich erkläre ich euch Beide hier
für die Erben des kleinen Vermögens (wenn man es so nennen kann) von mir. Theilet es redlich, und vertragt und
helft euch einander. Was ihr mir zuwider gethan, das wißt
ihr, war euch schon längst verziehen. Dir Bruder Carl
danke ich noch insbesondere für deine in dieser letztern Zeit
mir bewiesene Anhänglichkeit. Mein Wunsch ist, daß euch
ein besseres sorgenloseres Leben als mir werde. Empfehlt
euren Kindern Tugend; sie nur allein kann glücklich machen,
nicht Geld. Ich spreche aus Erfahrung. Sie war es, die
mich selbst im Elende gehoben; ihr danke ich nebst meiner
Kunst, daß ich durch keinen Selbstmord mein Leben endigte.
— Lebt wohl und liebet euch! — Allen Freunden danke ich,
besonders Fürst Lichnowsky und Professor Schmidt.
— Die Instrumente von Fürst L. wünsche ich, daß sie doch
mögen aufbewahrt werden bei einem von euch; doch entstehe

deswegen kein Streit unter euch. Sobald sie euch aber zu
etwas Nützlicherem dienen können, so verkauft sie nur. Wie
froh bin ich, wenn ich auch noch im Grabe euch nützen kann.
So wär's geschehen: — Mit Freude eile ich dem Tode ent=
gegen. Kommt er früher, als ich Gelegenheit gehabt habe,
noch alle meine Kunstfähigkeiten zu entfalten, so wird er mir,
troß meinem harten Schicksale doch noch zu früh kommen,
und ich würde ihn wohl später wünschen; — doch auch dann
bin ich zufrieden, befreit er mich nicht von einem endlosen
leidenden Zustande. — Komm' wann du willst, ich gehe dir
muthig entgegen. Lebt wohl, und vergeßt mich nicht ganz
im Tode, ich habe es um euch verdient, indem ich in mei=
nem Leben oft an euch gedacht, euch glücklich zu machen:
seyd es!

Heiligenstadt am 6. Oktober 1802.

Ludwig van Beethoven.

m. p.

(L. S.)

(Von Außen.)

Heiligenstadt, am 10. October 1802.

So nehme ich denn Abschied von dir — und zwar
traurig. — Ja die geliebte Hoffnung, die ich mit hie=
her nahm, wenigstens bis zu einem gewissen Punkte
geheilet zu seyn, sie muß mich nun gänzlich verlassen.
Wie die Blätter des Herbstes herabfallen, gewelkt sind,
so ist auch sie für mich dürre geworden. Fast wie ich
hieher kam, gehe ich fort; selbst der hohe Muth, der
mich oft in den schönen Sommertagen beseelte, er ist
verschwunden. O Vorsehung, laß einmal einen reinen
Tag der Freude mir erscheinen! So lange schon ist
der wahren Freude inniger Wiederhall mir fremd.
Wann, o wann, o Gottheit! kann ich im Tempel der
Natur und der Menschen ihn wieder fühlen? — Nie?
— nein es wäre zu hart!"

Der Inhalt dieses Schriftstücks gewährt uns einen Blick
in das Innerste des Menschen Beethoven, der, obgleich mit

Für meine Brüder Carl und ..... nach meinem Tode zu lesen und zu vollziehen.

dem jüngeren Bruder in dem Grabe zerfallen, daß er seinen Namen nicht schreiben mochte, ihn dennoch in dessen Rechten nach seinem Tode nicht kürzen wollte.

Aber Beethoven sollte den Schauplatz seiner riesenhaften Thätigkeit noch nicht verlassen. Er erholte sich und hatte die Freude, seine Cantate „Christus am Oelberge" am 5. April 1803 in Wien zum ersten Male aufgeführt zu sehen. Beethoven selbst aber scheint mit seiner Arbeit nicht ganz zufrieden gewesen zu sein und wesentliche Verbesserungen damit vorgenommen zu haben. Das Werk erschien erst sieben Jahre später im Druck.

Die politischen Ereignisse der Zeit waren an Beethoven nicht unbeachtet vorübergegangen. Schon in Bonn hatten die Stürme aus Frankreich ihren mächtigen Einfluß auf sein für Freiheit und Menschenrechte glühendes Gemüth geäußert. In dem General Bonaparte erblickte er den Helden, dem es gelingen werde, den Greueln der Revolution ein Ziel zu setzen. Er hoffte ihn als ersten Consul an der Spitze der Republik zu sehen. Beseelt von dieser Idee, war es dem damaligen Gesandten der französischen Republik in Wien, General Bernadotte ein Leichtes, Beethoven zu veranlassen, Bonaparte als größten Helden der Zeit in einem Tonwerke zu huldigen. Beethoven ging rüstig an die Arbeit und war im Begriffe, die Reinschrift der Partitur mit der Dedication „Napoleon Bonaparte" dem General Bernadotte zur Absendung nach Paris zu übergeben, als von dort die Nachricht eintraf, Napoleon habe sich als Kaiser der Franzosen ausrufen lassen. Entrüstet hierüber, riß er das Titelblatt von der Partitur ab und warf sie auf den Boden. Erst nach Verlauf zweier Jahre gestattete er die Veröffentlichung des herrlichen Werkes unter dem Titel: „Sinfonia eroica" mit der Devise: „Per festigiare il sovvenire d'un gran uomo".*)

In demselben Jahre 1803 componirte Beethoven die, dem berühmten Violinisten Rudolph Kreutzer gewidmete Sonate für Pianoforte und Violine, op. 47.

_____

*) Um das Andenken an einen großen Mann zu feiern.

Gegen Ende 1804 wurde Beethoven durch den neuen Eigenthümer des Privattheaters an der Wien aufgefordert, eine Oper für diese Bühne zu componiren. Joseph Sonnleithner lieferte den deutschen Text nach dem französischen Buche: „L'amour conjugal". Beethoven ging mit Eifer an die Arbeit, mit welcher er ein Jahr später ziemlich fertig war. Der Aufführung stellten sich jedoch Hindernisse entgegen, indem für die Männerrollen die geeigneten Persönlichkeiten fehlten und die Kriegsereignisse Wien bedrohten, in Folge dessen der reiche Adel die Residenz verließ und der Theaterbesuch ein sehr spärlicher war. Da sollte nun die neue Oper „Leonore" aushelfen, welche auch drei Tage hintereinander gegeben, aber ohne sonderlichen Beifall aufgenommen wurde, weil den Zuhörern, denen der Tondichter um ein Jahrhundert vorangeeilt war, das Verständniß fehlte. — Beethoven machte einige Veränderungen, strich einzelne Nummern, legte andere ein. Die Oper kam dann am 29. März und noch einmal am 10. April 1806 zur Aufführung, jedoch ohne einen viel günstigeren Erfolg zu haben. Dann ruhete sie längere Zeit. Erst im Jahre 1814 wurde sie zu einer Benefizvorstellung . der Inspicienten der k. k. Hofoper wieder hervorgesucht. Nachdem Beethoven, den Wünsche: seiner Freunde und der Sänger nachgebend, abermals Einiges geändert, kam sie am 23. Mai unter der Bezeichnung: Fidelio anstatt Leonore zur Aufführung, aber in Stelle der vom Componisten versprochenen E-dur-Ouvertüre, mit welcher er nicht fertig war, mußte seine Ouvertüre aus „Prometheus" genommen werden. Die Hauptrollen waren vollendeten Künstlern anvertraut: Die Milder-Hauptmann sang die Leonore, Michael Vogel den Pizarro, Weinmüller den Rocco, Rabichi den Florestan. Diesmal war der Beifall ein so glänzender, daß die Oper bei vollem Hause noch sechsmal wiederholt werden mußte. Die Einnahme von der letzten Vorstellung wurde Beethoven überlassen.

Es ist bekannt, daß Beethoven zu seinem Fidelio nicht weniger als vier Ouvertüren geschrieben hat. Die erste, in

C-dur, mit einem Andante con moto beginnend, op. 138 gefiel weder ihm noch seinen Freunden. Die zweite, eben= falls in C-dur, mit einem Allegrosatze anhebend und bei Auf= führung der Oper 1805 benutzt, erfuhr eine ähnliche Beur= theilung und hatte das Schicksal, stets von den Holz-Blase= Instrumenten verdorben zu werden. Beethoven sah sich ver= anlaßt, sie umzuarbeiten und in so veränderter Gestalt wurde sie zwar 1806 benutzt, aber zu lang befunden. — Als die Oper 1814 wieder zu Tage gefördert wurde, schrieb Beet= hoven die vierte Ouvertüre in E-dur, zwar dem Charakter der Oper am wenigsten angemessen, seitdem aber als zu der= selben gehörig in allen Ausgaben vorangeschickt. Stephan v. Breuning schreibt über die Oper an Dr. Wegeler in Ko= blenz unter Anderm: „Die Musik ist eine der schönsten und vollkommensten, die man hören kann. Das sujet ist inter= essant. Es stellt die Befreiung eines Gefangenen durch die Treue und den Muth seiner Gattin vor. Aber bei alledem hat wohl Nichts Beethoven so viel Verdruß gemacht, als dieses Werk, dessen Werth man künftig erst vollkommen schätzen wird." — Dieses Prognostikon hat sich denn auch bewahrheitet: der Schöpfer des herrlichen Werkes hat aber von den vorerwähnten Aufführungen keinen andern reellen Gewinn gehabt, als 200 Gulden Antheil von der Einnahme.

Von andern Compositionen des Meisters, welche der zweiten Periode angehören, ist das G-dur-Concert für Pia= noforte op. 58, dann die unvergleichlich schöne Klavier-So= nate G-moll op. 77, dem Grafen v. Brunswick gewidmet, hervorzuheben.

Die Nachwehen des ersten französischen Krieges äußer= ten sich auch darin, daß es der großen Kosten wegen fast unmöglich war, Privat-Concerte zu Stande zu bringen. Die Schwierigkeit wurde dadurch gesteigert, daß man die heutige Unsitte, ein Lied oder einen Klaviervortrag neben ein groß= artiges Orchesterwerk zu stellen, noch nicht kannte. Als der Winter 1806 den Abel wieder in der Residenz versammelte, fühlte der geniale, namentlich wegen seines seltenen musika=

lischen Gedächtnisses bewunderte Orchester-Director im Thea=
ter an der Wien, Franz Clement sich ermuthigt, mit
einem Orchester-Concert hervorzutreten. Hier kam unseres
Meisters berühmtes D-dur-Concert für Violine op. 61 zuerst
zum Vortrage. Wegen der großen Schwierigkeiten wurde
es damals als undankbar und unausführbar verschrieen. Erst
in späterer Zeit hat es seine Würdigung erfahren. Diesem
Violin-Concerte folgte die Composition der vierten Sinfonie
B-dur op. 60, die Beendigung der drei Streich=Quartette
op. 59 und die Ouvertüre zu dem Trauerspiele „Koriolan"
op. 62 — Schöpfungen des Winters von 1806 auf 1807.
Die neue Sinfonie gelangte schon im Februar 1807
zur Aufführung und wurde mit großem Beifalle aufgenom=
men. Nächst derselben schrieb Beethoven die Miesse op. 86
für den Fürsten Esterhazy, welche jedoch erst drei Jahre spä=
ter zur Aufführung kam. Im April schloß er mit dem be=
rühmten Klavierspieler, Componisten und Chef eines großen
Musikverlagsgeschäftes in London Clementi einen Con=
tract, durch welchen letzterer sich verbindlich machte, Beetho=
ven für die Doubletten der drei Quartette op. 59, die vierte
Sinfonie, die Ouvertüre zu Koriolan, das vierte Klavier=
Concert G-dur, das Violin-Concert D-dur, letzteres auch als
Klavier-Concert arrangirt, sämmtlich zum Debit in England
bestimmt, 200 Pfund Sterl. und für drei noch zu componi=
rende Sonaten außerdem 60 Pfund Sterl. zu zahlen. —
Neben den Honoraren der Verleger hatte Beethoven sich auch
mancher Werthgeschenke zu erfreuen, die jedoch bei ihm keine
bleibende Stätte, sondern durch seine Brüder ihre Beseiti=
gung fanden.
Im dem Jahre 1808 betritt Beethoven den Gipfelpunkt
seines genialen Schaffens. Ein Werk folgt dem andern,
jede neue Schöpfung des Meisters scheint die vorangegange=
nen in Tönen und Harmonieen überbieten zu wollen. Seine
ergreifende fünfte Sinfonie in C-moll, eine Tragödie mit
glücklichem Ausgange, in welcher in den ersten Tönen, wie
Beethoven selbst sagt, das Schicksal gewaltig an die Pforte

klopft, kam schon am 22. Dezember in einer, von dem Meister veranstalteten Akademie zur Aufführung. Daran schlos-
sen sich die Pastoral-Sinfonie, das Sanctus und Benedictus
aus der Messe in C-dur, eine Fantasie auf dem Klavier allein und die Chor-Fantasie op. 80: — zu viel des Schönen
und Erhabenen auf ein Mal, zu viel des damals noch nicht
Verstandenen für einen großen Theil der Zuhörer. Dazu
gesellte sich der unangenehme Zwischenfall, daß in der Chor-
Fantasie die Clarinetten sich verzählten und das ganze Orchester in Unordnung brachten, so, daß Beethoven demselben
unmuthig zurief: Still, still, das geht nicht! Noch einmal,
— noch einmal! und so geschah es und der Erfolg war
glänzend.

Beethoven galt bei den Wiener Musikern von Fach,
welche sich von dem alten Formalismus nicht lossagen konnten, weil es ihnen zur Durchforschung des Geistigen seiner
Werke an künstlerischer Bildung gebrach, als ein Neuerer.
Sie fürchteten, dem „Republikaner“, wie sie ihn nannten,
könnte es gelingen, an den kaiserlichen Hof zu kommen, nachdem der Erzherzog Rudolph seine Fortbildung in der Musik
in Beethoven's Hände gelegt hatte. Die Intriguen seiner
Neider und Feinde und die langjährigen, fast übermensch-
lichen Anstrengungen, hatten ihren nachtheiligen Einfluß auf
Körper und Geist des Meisters geltend gemacht und ihn zu
dem Entschlusse vermocht, zu seiner Erholung auf einige Zeit
nach Italien zu gehen, nach seiner Rückkehr aber einen andern Wohnsitz zu wählen, als ihm der König von Westpha-
len den Antrag machen ließ, die Stelle eines Capellmeisters
in Cassel zu übernehmen. — Dieser Ruf machte in Wien
großes Aufsehen, in den Kreisen seiner Gönner aber erregte
er eine solche Bestürzung, daß man es als Ehrensache erach-
tete, Beethoven unter allen Umständen festzuhalten. Dem-
gemäß verpflichteten sich der Erzherzog Rudolph, der
Fürst Joseph v. Lobkowitz und der Fürst Ferdinand
Kinsky in einer Urkunde vom 1. März 1809, Beethoven

ein Jahrgehalt von überhaupt 4000 Fl.*) so lange zu zahlen, bis er zu einer Anstellung gelangen werde, die ihm ein
gleiches Einkommen gewähren möchte. Für den Fall aber,
daß er durch ein Unglück oder durch sein Alter an seiner
künstlerischen Thätigkeit sich behindert sehen sollte, sei ihm die
ausgesetzte Summe auf Lebenslänge bewilligt.

Unter solchen Umständen verzichtete Beethoven auf die
ihm angetragene Stelle in Cassel, blieb in Wien und hatte
die Genugthuung, von seinen Gegnern einstweilen nicht weiter angefeindet zu werden.

Die sorgenlose Lage ermuthigte den hochstrebenden Genius zu neuer fruchtbarer Thätigkeit. Beethoven hatte über-
dies die Freude, seine Werke namentlich von einem der ersten
Kunstrichter in Leipzig, Amadeus Wendt günstig beurtheilt
zu sehen. Derselbe spricht sich über die inzwischen veröffent-
lichte C-moll-Sinfonie dahin aus:

„Beethoven's Musik bewegt die Hebel des Schauers, der
Furcht, des Entsetzens, des Schmerzes, und erweckt jene unendliche Sehnsucht, die das Wesen der Romantik ist . . . .
Tief im Gemüthe trägt Beethoven die Romantik der Musik,
die er mit hoher Genialität und Besonnenheit in seinen Wer-
ken ausspricht. Lebhafter hat Recensent dies nie gefühlt,
als bei der vorliegenden Sinfonie, die in einem bis zum
Ende fortsteigenden Climax jene Romantik Beethoven's mehr,
als irgend ein anderes seiner Werke entfaltet, und den Zuhörer unwiderstehlich fortreißt in das wundervolle Geister-
reich des Unendlichen."

Ueber die Pastoral-Sinfonie sagt derselbe Kritiker:

„Das Werk enthält in Sinfonieen-Form ein Gemälde
des Landlebens. „„Ein Gemälde? — Soll denn die Musik
malen? und sind wir nicht schon längst über die Zeiten hin-

---

*) Der Erzherzog Rudolph . . 1500 Fl.
  · Fürst Lobkowitz . . . 700 ·
  ·   · Kinsky . . . . 1800 ·
        = 4000 Fl.

aus, wo man sich auf musikalische Malerei etwas zu Gute that? — Allerdings sind wir jetzt so ziemlich damit im Reinen, daß die Darstellung äußerer Gegenstände durch die Musik höchst geschmacklos, und von der ästhetischen Beurtheilung dessen, der sich solcher Aftermittel, Effekt zu erregen, bedient, wenig zu halten sei. Allein dieser Ausspruch paßt gar nicht auf vorliegendes Werk, welches nicht eine Darstellung räumlicher Gegenstände des Landes, sondern vielmehr eine Darstellung der Empfindungen ist, welche wir bei dem Anblicke länblicher Gegenstände haben. Daß ein solches Gemälde nicht geschmacklos und dem Zwecke der Musik nicht entgegen sei, sieht jeder ein, der über diese Kunst sowohl als über die Natur der Empfindungen, die durch jene ausgedrückt werden sollen, nachgedacht hat."

Das Jahr 1810 brachte Werk auf Werk, darunter das unter dem Namen Harfen-Quartett bekannte Es-dur-Quartett Nr. 10 op. 74, die Fantasie G-moll für Pianoforte op. 77, die Sonate Fis-dur op. 78, das Sextett Es-dur für 2 Violinen, Viola, Violoncell und 2 obligate Hörner op. 81 a. u. s. w.

Dasselbe Jahr führte den Tondichter auch mit Bettina Brentano (Frau v. Arnim) zusammen. Ueber diese Bekanntschaft ist kaum mehr zu sagen, als daß vieles von dem, was die überspannte Schriftstellerin in ihrem Briefe an Göthe vom 28. Mai 1810 über Beethoven erzählt, in das Reich der Fantasie gehört und daß sie drei spätere Briefe von Beethoven an ihre Person sehr schön erfunden hat.

Die 1809 unserm Meister zugesicherte Jahreseinnahme von 4000 Fl. schrumpfte zum Schrecken desselben in Folge des 1811 erlassenen Münz-Reductions-Patents auf 800 Fl. Papiergeld zusammen Der Erzherzog Rudolph aber war der erste, welcher seinen verehrten Lehrer wegen des Verlustes an den seinerseits zugesicherten 1500 Fl. entschädigte. Fürst Lobkowitz folgte dem edlen Beispiele, nur Fürst Kinsky zögerte noch. Im folgenden Jahre entschloß derselbe sich zwar zur entsprechenden Entschädigung, starb aber vor der enblidjen Regulirung. Beethoven fah ſich zu klagen genö= thigt und erzielte eine jährliche Rente von 1200 Gulben in Einlöſungsſcheinen, welche ſpäter in 300 Fl. in Silber ver= wandelt wurden. — Beethoven aber bereicherte die Muſik= welt mit neuen Schätzen, barunter das fünfte Concert für Pianoforte und Orcheſter Es-dur op. 73; die Fantaſie für Pianoforte und Orcheſter mit Chören, C-moll op. 80; bie Sonate caracteristique für Pianoforte op. 81 h.; brei Ge= ſänge von Göthe mit Pianofortebegleitung op. 83; bie Ouver= türe, Geſänge und Zwiſchenakte zu Göthe's Egmont für Orcheſter. Außerbem erſchien bas Oratorium „Chriſtus am Oelberge" im Drucke.

Das Concert Es-dur, von Schinbler als das opus summum der Klaviermuſik bezeichnet, kam zum erſten Mal am 12. Februar 1812 burch Carl Czerny unter des Com= poniſten eigener Anleitung zum Vortrage. Zu Anfang des= ſelben Jahres componirte Beethoven die Muſik zu bem bra= matiſchen Feſtſpiele: „Die Ruinen von Athen", und begab ſich zur Frühjahrszeit zu ſeinem Bruber Johann nach Linz, wo er die F-dur-Sinfonie Nr. 8 op. 93 ausarbeitete. Von dort ging er zur Kur nach Teplitz, wo er bie Ouvertüre, Märſche und Chöre zu dem Feſtſpiele: „König Johann" op. 117 ſchrieb. Mit neuen Kräften nach Wien zurückgekehrt, machte er ſich bann ſogleich an bie Compoſition ber A-dur-Sinfonie Nr. 7 op. 92. — Die gute Wirkung des Aufenthaltes in Te= plitz konnte bei ber raſtloſen Thätigkeit des Tonmeiſters von keiner Dauer ſein. Das Jahr 1813 fand ihn leidend, der Arzt ſchickte ihn im Sommer zur Kur nach Baden, wo er ſeinen kaiſerlichen Gönner und Schüler, den Erzherzog Ru= bolph fand. — Der Zuſtand Beethovens muß ein ſehr be= klagenswerther geweſen ſein, wenn er in ſeinem Tagebuche im Mai ausruft: „O Gott, Gott ſieh' auf ben unglücklichen Beethoven herab, laß es nicht länger ſo bauern". — Es fehlte ihm an anſtänbiger Kleidung und Wäſche, weil er, in ſeinen Studien vertieft, auf ſolche Aeußerlichkeiten keinen Werth legte. Eine ihm wohlgeſinnte Freundin, Frau Strei=

cher, sorgte mit Hilfe ihres Gemahls für Beschaffung des ihm Mangelnden. — Nach beendigter Kur, welche vortheil= haft auf Beethoven gewirkt, kehrte er nach Wien zurück und nahm die für ihn offen gehaltene Wohnung im Hause des Baron Pasqualati wieder ein. Damit es ihm nicht weiter= hin an aller häuslichen Ordnung und Bequemlichkeit fehle, mußte er in der Person eines Schneiders einen Bedienten engagiren, dessen Frau den, in Dingen des äußerlichen Lebens unbeholfenen Meister, fast drei Jahre lang mit rührender Sorgfalt pflegte. — Beethoven wohnte drei Stock hoch; dies hielt jedoch den ihn verehrenden Fürsten Lichnowsky nicht ab, oft zu ihm hinaufzusteigen, war es auch nur, um ihn zu sehen und ihm dann, ohne ein Wort mit ihm gewechselt zu haben, ein freundliches „Adieu" zu sagen. Beethoven dul= dete durchaus keine Störung in seiner Arbeit und verschloß sogar vor dem fürstlichen Freunde die Thür, wenn er ihm ungelegen kam, nicht ahnend, daß der edle Herr wenige Monate später schon zu den Entschlafenen zählen werde.

Im Jahre 1813 mochten die kriegerischen Ereignisse die Veranlassung sein, daß nur die 1807 geschriebene Messe C-dur op. 86 das Verzeichniß der Werke unseres Meisters bereicherte. Im Rückblicke auf die erste Aufführung dersel= ben in der Residenz des Fürsten Esterhazy zu Eisenstadt ist eines Vorfalls zu gedenken, welcher Beethoven's Widerwillen gegen Hummel erklärt, der nach Haydn's Tode in dessen Stelle als fürstlicher Capellmeister getreten war. Nach been= digtem Gottesdienste äußerte der Fürst, welcher sich an den Haydn'schen Dienststyl gewöhnt hatte und die Tiefe der Beethoven'schen Composition nicht zu fassen vermochte, in Gegenwart der anwesenden Notabilitäten: „Aber, lieber Beet= hoven, was haben Sie denn da wieder gemacht?" — Wäh= rend diese Aeußerung Beethoven tief verletzte, belachte sie der neben dem Fürsten stehende Hummel. Beethoven hat dieses, Hohn verkündende Lachen dem berühmten Klavier-Virtuosen nie vergessen können. Erst am Sterbebette des Großmeisters, an welchem Hummel erschien, fand die Versöhnung statt.

Das Siegesjahr der deutschen Völker über den französischen Usurpator war auch das Jahr des Triumphes des
deutschen großen Künstlerheros über die nicht geringe Schaar
seiner Gegner, welche ihm gegenüber nicht mehr Stand halten konnten. Beethoven war mit seiner A-dur-Sinfonie fertig und hatte sein sinfonisches Werk: „Wellington's Sieg,
oder die Schlacht bei Vittoria" geschrieben, als der k. k. Hofmechaniker Mälzel auf die Idee kam, zum Besten der in der
Schlacht bei Hanau verwundeten Oesterreicher und Baiern
zwei große Concerte zu veranstalten. Er kam mit Beethoven darin überein, daß die oben genannten beiden Werke
dazu gewählt wurden und letzterer übernahm die Direction.
Die Aufführung fand am 8. und 12. Dezember 1813 in
der Aula der Universität statt und war von außerordentli-
chem Erfolge. Die Allgem. Muf. Ztg. sprach sich dahin aus:
„Längst im In- und Auslande als einer der größten
Instrumental-Componisten geehrt, feierte bei diesen Aufführungen Herr van Beethoven seinen Triumph. Ein zahlrei-
ches Orchester, durchaus mit den ersten und vorzüglichsten
hiesigen Tonkünstlern besetzt, hatte sich aus wirklich patrio-
tischem Eifer und innigem Dankgefühl für den gesegneten
Erfolg der allgemeinen Anstrengungen Deutschlands in dem
gegenwärtigen Kriege zur Mitwirkung ohne Entschädigung
vereinigt und gewährte, unter Leitung des Componisten,
durch sein präcises Zusammenspiel ein allgemeines Vergnü-
gen, das sich bis zum Enthusiasmus steigerte. Vor allem
verdiente die neue Sinfonie jenen großen Beifall und außer-
ordentlich gute Aufnahme, die sie erhielt u muß dies
neueste Werk des Genies Beethoven's selbst, und wohl auch
so gut ausgeführt hören, um ganz seine Schönheiten würdigen und vollständig genießen zu können. Das Andante mußte
jedesmal wiederholt werden und entzückte Kenner und Nicht-
kenner. Es läßt sich ohne Bedenken behaupten, es existire
gar nichts in der malenden Tonkunst, das diesem Werke
gleich käme."

Beethoven sprach den Mitwirkenden, namentlich Schuppanzig, Salieri, Spohr, Mayseder, Siboni, Giuliani schriftlich seinen Dank aus, mit dem Hinzufü= gen, daß auch ihn die Vaterlandsliebe getrieben haben würde, sich gleich Hummel an die große Trommel zu stellen. Herrn Mälzel dankte er insbesondere, weil er ihm durch die von ihm veranstaltete Akademie Gelegenheit gegeben habe, durch die Composition der Schlachtsinfonie, welche er ein= zig für diesen gemeinnützigen Zweck verfertigt und ihm unentgeltlich übergeben, den schon lange gehegten sehnlichen Wunsch erfüllt zu sehen, unter den gegen= wärtigen Zeitumständen auch eine größere Arbeit auf den Altar des Vaterlandes niederlegen zu können.

Am glanzvollsten für den Ruhm des Tonmeisters und am günstigsten für den Ruhm desselben in materieller Hin= sicht gestaltete sich aber das Jahr 1814, welches die Fürsten Europa's und die Vertreter der Höfe zum Congresse in der Kaiserstadt vereinigte.

Schon im Januar erfolgte die Wiederholung der A-dur= Sinfonie und der Schlacht bei Vittoria. Der Eindruck, durch das patriotische Gefühl gestärkt, war überwältigend. — Am 27. Februar gab der Gefeierte eine zweite Akademie, in welcher außer jenen beiden Werken ein neues Terzett für Sopran, Tenor und Baß, vorgetragen von Frau Milder= Hauptmann und den berühmten Sängern Siboni und Weinmüller und die inzwischen componirte humoristische F-dur=Sinfonie Nr. 8 zur Aufführung kamen, von 5000 Zu= hörern mit Jubelausbrüchen begrüßt.

In einem am 11. April von Schuppanzig zu einem wohlthätigen Zwecke veranstalteten Concerte wurde u. A. das große Trio für Pianoforte, Violine und Violoncell ·B-dur op. 97 zum ersten Male von Beethoven, Schuppanzig und Linke vorgetragen. Dasselbe wurde mit gleicher Besetzung am 11. April in einer Quartett=Matinée im Prater wieder= holt. Seitdem hat Beethoven sich als Klavierspieler nicht mehr öffentlich hören lassen.

Am 23. Mai wurde im kaiserlichen Opern-Theater Fidelio aufgeführt und am 18. Juli fand eine Wiederholung zum Benefice des Componisten statt.

Bei Gelegenheit eines Festes, welches der von seinem Kaiser in den Fürstenstand erhobene Graf Rasumowsky in seinem Palaste gab, genoß der als Notabilität eingeladene Beethoven die Auszeichnung, durch seinen fürstlichen Freund den anwesenden Monarchen vorgestellt zu werden, welche ihm in schmeichelhaftester Weise ihre Achtung zu erkennen gaben. Die Kaiserin von Rußland aber machte die persönliche Bekanntschaft mit dem Tonmeister in den Gemächern des Erzherzogs Rudolph. — Beethoven hat sich dessen stets mit Rührung und mit einem gewissen Stolze erinnert.

Auf den dringenden Wunsch hoher Kunstfreunde mußte Beethoven am 29. November die Aufführung seiner neuen Werke, die A-dur-Sinfonie und die Schlacht bei Vittoria noch einmal wiederholen, wozu ihm die beiden kaiserlichen Redoutensäle eingeräumt wurden. Um den Eindruck zu erhöhen, hatte Beethoven die Cantate: „Der glorreiche Augenblick" in Musik gesetzt. Die Solostimmen hatten Frau Milber-Hauptmann, Fräulein Bondra, die Herren Wild und Forti übernommen. Orchester und Chor waren überreich mit den vorzüglichsten Kräften besetzt und mehr denn 5000 Zuhörer, darunter die in Wien anwesenden Monarchen, welche Beethoven persönlich eingeladen, lauschten den Tönen mit ehrfurchtsvoller Begeisterung. — Am 2. Dezember fand eine Wiederholung vor einem zwar minder großen Auditorium statt, welches dieselbe aber mit dem rauschendsten Beifall aufnahm.

Ungeachtet des geschwächten Gehörs dirigirte Beethoven vortrefflich. Sein Feuereifer riß ihn zwar öfter aus dem Takte, aber die wohlgeschulten Massen gingen mit größter Präcision auf seine Abweichungen ein. Damit er besser hören konnte, wurde sein Directionspult möglichst weit vorgeschoben.

Die Kosten der großartigen Musikaufführungen waren so bedeutend, daß nach Bestreitung derselben wenig für den Componisten übrig blieb: dagegen wurde Beethoven durch die Geschenke der fremden Monarchen in den Stand gesetzt, ein kleines Capital in Bankactien anlegen zu können.

Im Jahre 1814 hat Beethoven größere Werke, zu denen wir die Ouvertüre C-dur op. 115 nicht wohl zählen können, nicht geliefert, dagegen seine in den Monaten Januar, Februar, November und Dezember im Redoutensaale veranstalteten Concerte dirigirt. — Die zu Tage liegenden außerordentlichen Anstrengungen hatten aber nicht nur nachtheilig auf den Gesundheitszustand des Meisters im Allgemeinen, sondern insbesondere auf sein Gehörleiden gewirkt, dergestalt, daß das rechte Ohr fast gänzlich seine Dienste versagte.

So trat Beethoven, der hochgefeierte Fürst des Tonreichs, im Sonnenstrahle des Ruhmes in die dritte Periode seines Lebens und Wirkens. Jetzt aber stürmten wieder Ereignisse auf ihn ein, die auch auf seinen Gemüthszustand den nachtheiligsten Einfluß äußerten.

Es ist weiter oben bemerkt worden, daß Beethoven dem Hofmechaniker Mälzel die Schlachtsinfonie behufs Aufführung zu einem bestimmten gemeinnützigen Zwecke unentgeltlich übergeben habe. Zu derselben Zeit befand Beethoven sich in großer Geldverlegenheit. Mälzel gab Beethoven 50 Dukaten in Gold und Beethoven verpflichtete sich, ihm diese Summe entweder an Ort und Stelle zu erstatten, oder ihm, wenn er nicht selbst mit ihm die projectirte Reise nach London machen sollte, die Schlachtsinfonie dorthin mitzugeben, wo er einen englischen Verleger zur Zahlung der 50 Dukaten anweisen werde. — Schon früher hatte Mälzel für Beethoven vier Gehörmaschinen gefertigt, von welchen jedoch nur eine brauchbar war. Um den Mechaniker anzueifern, hatte Beethoven für die von jenem erfundene „Panharmonica" ein Stück „Schlacht-Sinfonie" componirt, aus welchem später die Schlacht-Sinfonie für Orchester hervorgegangen ist. Letztere dem Mechaniker zu schenken, ist Beethoven wohl nim-

3

mer eingefallen. Jener aber hatte nicht nur die Dreistig
keit, bei Gelegenheit der von ihm arraugirten Akademie die
Schlacht-Sinfonie als sein Eigenthum zu bezeichnen, wogegen
Beethoven sofort protestirte, sondern wußte sich in den Besitz
der unbewachten Orchesterstimmen zu setzen, mit welchen er
im April 1814 nach München ging, wo er bei Aufführung
des Werkes die Lüge verbreitete, er müsse sich damit für
400 Dukaten, welche Beethoven ihm schulde, bezahlt machen.
— Indem Beethoven sich seines Eigenthumsrechtes in keiner
Weise begeben hatte, machte er die Londoner Kunstgenossen
mit dem betrügerischen Verfahren Mälzel's in München bekannt und erzielte hierdurch wenigstens, daß er eine Aufführung des Werkes in Englands Hauptstadt unterließ. Beethoven hatte inzwischen den Rechtsweg gegen Mälzel beschrit-
ten. Da der Verklagte aber für immer von Wien fern blieb,
so nahm jener die Klage zurück. Der Vorfall hatte Beethoven Verdruß und Kosten, dem Hofmechaniker aber die all-
gemeine Verachtung zugezogen. Vier Jahre später war
Mälzel frech genug, unsern Meister von Paris aus zu einer
gemeinschaftlichen Reise nach London aufzufordern, mehr aber
lag ihm daran, sein günstiges Urtheil über den von ihm er-
fundenen Metronomen*) zu erlangen, welches der gutmü
thige Beethoven ihm nicht vorenthalten mochte, nachdem er
die Zweckmäßigkeit desselben anerkannt hatte.

Fragen wir, womit Beethoven nach den unruhigen
Congreß-Tagen die Musikwelt beschenkt, so verweisen wir
zunächst auf die dem Grafen Moritz v. Lichnowsky dedicirte
E-moll-Sonate op. 90, ein Produkt tiefster Zartheit, unmittelbar nach dem Anhören großer sinfonischer Werke. Dieser
Schöpfung schloß sich die herrliche A-dur-Sonate op. 101
an, welche Beethoven der Baronin Erdmann, geb. Grau-
mann aus Frankfurt a. M. widmete, welche durch ihr höchst
vollendetes, unnachahmliches Spiel selbst Beethoven zur Bewunderung hinriß. Diese Sonate ist noch dadurch ausge

---

*) Taktmesser.

zeichnet, daß sie die einzige war, welche zu Lebzeiten des
Meisters und zwar in einem im Februar 1816 von Schup⸗
panzig gegebenen Concerte öffentlich zum Vortrage kam.
Der A-dur-Sonate folgten die beiden Sonaten C- und
D-dur op. 102, durch deren Widmung Beethoven die Gräfin
Marie Erdödy von Neuem auszeichnete. Der Meister durfte
dieser vortrefflichen Frau, die ihm die theilnehmendste, auf⸗
richtigste Freundin war, zu jeder Zeit sein Herz ausschütten;
er nannte sie darum bezeichnend genug, seinen Beichtvater.

Ungeachtet der Gemüthsbewegungen, welche Beethoven's
Geist umdüsterten und von welchen bald noch des Mehreren
die Rede sein wird, hatte Göthe's Dichtung: „Meeresstille
und glückliche Fahrt" ihn zur Composition der Cantate
für 4 Singstimmen mit Orchesterbegleitung op. 112 begei⸗
stert, welche er dem Dichter dedicirte und welche in einer
Akademie zu einem wohlthätigen Zwecke am 25. Dezember
1815 zur Aufführung kam. Bei dieser Gelegenheit ertheilte
ihm der Magistrat in Wien das Diplom eines Ehren⸗
bürgers.

Die Sonate D-dur aus dem vorgedachten op. 102, na⸗
mentlich der Schlußsatz „Allegro fugato" hatte der Meinung
der Gegner, Beethoven sei nicht befähigt, Fugen zu schreiben,
neuen Stoff zur ungerechtesten Kritik gegeben, die sich in
ähnlicher Weise auf beide Sonaten ausdehnte. Beethoven
hatte bis dahin allerdings der strengen Kunstform der Fuge
wenig Rechnung getragen, sie widerstrebte der Ungebunden⸗
heit seines freien Gedankenfluges; aber er hatte den Vor⸗
wurf nicht unbeachtet gelassen und bezeugte dies nicht nur
durch die bald darauf erschienene Sonate in B-dur, op. 106,
sondern auch durch die Sonate in As-dur, op. 110. Spä⸗
ter finden wir Musterfugen in der Missa solemnis. Diese
und die Fugen-Ouvertüre op. 124 haben die unnützen Schreier
auch in dieser Frage zum Schweigen gebracht.

Aus dem Kreise der Freunde Beethoven's waren Fürst
Lichnowsky, Graf Brunswick und Baron Gleichenstein ge⸗
schieden. Schuppanzigh ging nach Auflösung des Rasu⸗

mowski'schen Quartettverbandes nach Rußland, eben dahin Oliva als Professor der deutschen Literatur. Breuning zog sich zurück in Folge einer Entzweiung mit Beethoven, Kanne aus andern Gründen. Dagegen traten der Hof- und Gerichts-Advokat Dr. Bach, der künftige beste Biograph unseres Meisters, Anton Schindler und viel später noch Carl Holz dem Kreise bei, welcher sich damals regelmäßig um 4 Uhr Nachmittags in einem abgelegenen Zimmer der Bierwirthschaft zum Blumenstock im Ballgäßchen versammelte, um die Zeitungen zu lesen und zu politisiren. Ob dies so ganz im Sinne Metternich's gewesen sei, lassen wir dahingestellt: wir wissen nur, daß Beethoven in der englischen Verfassung das Heil der Menschheit zu erkennen glaubte.

Mehr als die Politik beschäftigte Beethoven das Testament seines im November 1815 verstorbenen älteren Bruders, durch welches er zum Vormunde des hinterlassenen 8—9 Jahre alten Sohnes Karl bestimmt wurde. Beethoven, von der Verpflichtung durchdrungen, den letzten Willen des Verstorbenen gewissenhaft zu vollziehen, richtete mit Aufgebung seines bisherigen Junggesellen Lebens einen geordneten Hausstand ein, entzog schon im Februar seiner Schwägerin den Sohn, nahm ihn aber nicht sofort ins Haus, sondern übergab ihn einstweilen einem Erziehungs-Institute. Die Mutter des Knaben erkannte hierin einen Gewaltschritt und klagte gegen den Schwager, in der Meinung, das Wörtchen van vor seinem Namen berechtige ihn zu den Vorzügen des Adels, bei dem Obergerichte, welches jedoch in Folge einer Insinuation des gegnerischen Advokaten wegen nicht zu beweisenden Adels, die Entscheidung des Rechtsstreits an den Magistrat verwies. In dem Termine, in welchem die Adelsfrage zur Erörterung kam, erklärte Beethoven auf Kopf und Herz zeigend: „Mein Adel ist hier und da!“ — Doch, da von stand nichts im Gesetze und der in seinem Stolze gedemüthigte, von andern, höhern Adelsbegriffen beseelte Beethoven mußte sich darin fügen, den Prozeß vor das Forum des Magistrats gebracht zu sehen. Zu seinem Sachwalter

wählte er seinen Freund Dr. Bach). Als letzterer die Vertretung Beethoven's übernahm, war dieser bereits angeblich
wegen seines Gehörleidens von der Vormundschaft suspen-
dirt und ein Interims-Vormund in der Person des Stadt-
Sequestors Nußböck gewählt. Der Magistrat erkannte, daß
der Knabe, welcher inzwischen zwei Jahre hindurch auf
Kosten des Oheims eine gute Erziehung genossen, der Klä-
gerin zurückzugeben sei. Da wiederholte Versuche, den Ausspruch rückgängig zu machen, erfolglos blieben, so betrat
Beethoven den Weg des Recurses an das Appellationsgericht,
stellte demselben vor, daß weder die Mutter noch der interi-
mistische Vormund geeignet seien, den Knaben zu erziehen,
schilderte den notorisch unmoralischen Lebenswandel seiner
Schwägerin und erlangte endlich das Erkenntniß, nach welchem die Wittwe Beethoven von aller Mitwirkung bei Erziehung ihres Sohnes ausgeschlossen und dem Oheim desselben volle Gewalt über seinen Mündel zugesprochen wurde.
Die vielen Kosten, welche für unsern Meister aus diesem, nur
in gedrängtester Kürze geschilderten Prozesse hervorgingen,
so wie die Ausgaben für seinen Neffen und der Unterhalt
seiner Wirthschaft hatten seine Kasse geleert; die mit dem
Processe verbundenen gewesenen Verdrießlichkeiten aber hatten
ihn zum künstlerischen Schaffen fast unfähig gemacht. Er
hatte eine geraume Zeit lang mehr correspondirt als componirt und von 1817 bis 1820 Honorare nur bezogen von
den zwei Sonaten für Pianoforte und Violine oder Violon-
cello C- und D-dur op. 102, für sechs variirte Themen für
Pianoforte-Solo, oder mit Flöte oder Violine op. 105, und
für die große Sonate für Pianoforte B-dur op. 106. —

Ein Blick in seine Häuslichkeit gewährt kein erquickliches
Bild. Der düstere Meister verlangt, daß Alles, was ihn
umgiebt, sich in seine seltsamen Launen schicke. Nachdem er
mit seinem Bedienten einen Auftritt gehabt, von welchem er
eine Kopfwunde davontrug, hatte er sich ausschließlich mit
weiblicher Bedienung umgeben, sie bestand aus einer Haus-
hälterin, einer Küchenmagd und einem Stubenmädchen. Keine

derselben hält es lange aus bei dem wunderlichen Herrn,
dem keine Hausordnung zusagt, die ihn in seiner geistigen
Thätigkeit stört. Hat er sich in einen musikalischen Gedanken vertieft, den er zu Papier bringen muß, mag das Mit-
tagessen kalt werden und verderben. Alles, was andere Menschen zu den unentbehrlichen Bedürfnissen des Lebens zählen,
ist ihm Nebensache. Er hungert bei der Arbeit und fühlt
es erst, wenn völlige Ermattung sich seiner bemeistert.

Während der Sommerzeit der letzten Jahre wohnte
Beethoven in Möbling. Hier arbeitete er an der Missa solemnis, mit welcher er die auf den 9. März 1820 festgesetzte
Installation des von ihm hochgehaltenen Erzherzog Rudolph
als Erzbischof von Olmütz zu verherrlichen gedachte. Das
colossale Werk wurde aber erst 1822 vollendet. Es ergötzte
den Meister, wenn er las: „Beethoven hat sich ganz aus-
geschrieben, er beschäftigt sich, wie einst Vater Haydn mit
Notiren schottischer Lieder, für größere Arbeiten scheint er
ganz abgestorben zu sein." — Als er im Spätherbst 1822
von Möbling nach Wien zurückkehrte, schrieb er schnell hintereinander die Klavier-Sonaten Es-dur op. 109, As-dur
op. 110 und C-moll op. 111, womit er den Cyclus der von
ihm herausgegebenen 32 Klavier-Sonaten schloß.

E. von Elterlein, welcher mit geistiger Schärfe die
Werke Beethoven's zu analysiren unternommen hat, sagt über
die letzte, dem Erzherzog Rudolph gewidmete Sonate: „Ich
habe versucht, den Gehalt der Beethoven'schen Sonaten in
Worte zu fassen. Ich stehe beim letzten Werke und muß ge-
stehen, daß es mir hier am schwersten, ja unmöglich ist. Je
mehr ich dies erkenne, um so überzeugender wird es mir,
daß die wahre Sphäre der reinen Instrumentalmusik, dieser
Ursprache des Gefühls, dem gefühlsarmen Wort mehr oder
weniger unerreichbar bleiben wird, und daß insoweit insbesondere die Forderung, aus der Technik den Geist zu be-
greifen, einer in der Sache liegenden nothwendigen Beschränkung zu unterwerfen ist. Auch die Musik hat ihr letztes Ge-

heimniß, was nur ihre geweihten Jünger uns entschleiert haben, und vor allem — Beethoven."

Dem, durch die drei Sonaten gelieferten Beweise von dem noch nicht erstorbenen Geistesleben des Meisters ließ er bald einen zweiten folgen, indem er auf den Wunsch des Theaterdirectors C. J. Hensler, Verfassers des „Donau=weibchen" und ähnlicher Stücke, es unternahm, zur Einwei=hungsfeier des neu erbauten Josephstädter Theaters am 3. Oktober 1822 seine Musik „Die Ruinen von Athen" in entsprechender Weise zu erweitern, namentlich einen Chor mit abwechselnden Tänzen und Gruppirungen einzulegen und eine neue Ouvertüre im Style Händels dazu zu componiren, mit welcher er erst am Nachmittage vor der Eröffnung fer=tig geworden war. Beethoven wollte ungeachtet seiner Taubheit den Dirigentenstab nicht aus der Hand geben. In der Hauptprobe, während welcher der Capellmeister Franz Gläser ihm zur Seite stand, wurden manche Besorgnisse rege; aber alle Mitwirkenden bemühten sich, dieselben zum Schweigen zu bringen und so ging die Vorstellung ohne merkliche Fehler so glücklich zu Ende, daß das hoch begei=sterte Auditorium sich hingerissen fühlte, den Schöpfer des dargebotenen Hochgenusses wiederholt auf die Bühne zu rufen.

Der glückliche Ausfall dieser Vorstellung veranlaßte gleich darauf die Verwaltung des Hof=Opern=Theaters, den Meister um Aufführung seines „Fidelio" zu ersuchen, in welchem Wilhelmine Schröder zu ihrem Benefice als Leonore aufzutreten wünschte. In der Generalprobe zeigte es sich leider schon bei der ersten Nummer, daß Beethoven von dem, was auf der Bühne vorging, nichts mehr hörte. Man scheute sich, ihm zu sagen, er möge auf die Leitung verzichten. Die unruhigen Blicke der Mitwirkenden konnten ihm aber nicht entgegen. Schindler unternahm es, der peinlichen Si=tuation ein Ende zu machen, indem er ihn schriftlich bat, nicht weiter fortzufahren. Sofort verließ er den Dirigenten=sitz, sprang ins Parterre und stürmte tief erschüttert nach

seiner Wohnung Pfarrgasse, Vorstadt Leimgrube, wo er sich
in halber Verzweiflung stumm seinem Schmerze hingab.

Tags darauf wandte er sich an den Dr. Smetana,
welcher ihm Arznei zum Einnehmen verschrieb. Das Recept
ordnete an: „Alle Stunden einen Theelöffel voll.“ Das
schien Beethoven zu wenig und langwierig und ohne an die
nachtheiligen Folgen zu denken, ändert er den Theelöffel in
den Eßlöffel um. Natürlich wurde in Folge dessen sein Zustand viel schlimmer und dies bewog ihn, sich von Neuem
an den Pater Weiß zu wenden, welcher Oeleinspritzungen
anwandte, zu welchem Zwecke Beethoven sich täglich nach
St. Stephan bemühen sollte. Das wurde ihm aber bald
zu viel, theils weil es ihm an Geduld dazu gebrach, mehr
vielleicht noch, weil die Umstände ihn an den Arbeitstisch
fesselten. Denn, wie wir gesehen, stand es mit seinen öko-
nomischen Verhältnissen sehr schlecht.

Um sich von der großen Sorgenlast frei zu machen, welche
seine Unabhängigkeit bedrohte, war er zu dem Entschlusse gekommen, seine Missa solemnis, die er nunmehr beendet und
welche er als sein gelungenstes Werk bezeichnete, den sämmtlichen
Höfen und verschiedenen gefürsteten Häusern auf Subscription
im Manuscripte für ein Honorar von 50 Dukaten anzubieten.
Der Erfolg entsprach seinen Erwartungen nicht. Nur acht
Exemplare fanden Aufnahme, wofür er 400 Ducaten einnahm, von welchen 60 Fl. Copiatur-Kosten für jedes einzelne
Exemplar in Abzug zu bringen sind. Mithin verblieb dem
Meister für seine Mühe ein nur geringer Gewinn. — Der
preußische Gesandte am Wiener Hofe, Fürst Haßfeld, ließ
Beethoven fragen, ob er dem Honorare einen Orden vor-
ziehen würde; der nothleidende Meister entschied sich für das
erstere, fühlte sich aber sehr geehrt, als der König von Frankreich ihm die goldene Medaille für Kunst und Wissenschaft,
auf der Aversseite mit der Inschrift: „Donné par le Roi
à Monsieur Beethoven“ im Gewichte von 21 Louisd'or zu-
stellen ließ.

Göthe, dessen Verwendung Beethoven in dieser Subscriptions-Angelegenheit in Anspruch genommen hatte, ließ ihn ebenso ohne Antwort, als Cherubini, Fürst Paul Esterhazy und König Karl Johann von Schweden, der einst den Impuls zur Sinfonia eroica gegeben hatte. Zelter, der damalige Director der Berliner Singakademie, erklärte, daß er von der Messe mit Instrumentalbegleitung keinen Gebrauch machen könne. — Nur die Höfe von Rußland, Preußen, Frankreich, Sachsen, Hessen-Darmstadt, ferner der Fürst Anton Radziwill, der Director des Cäcilien-Vereins Schelble in Frankfurt a. M. und der Fürst Nikolaus Boris Galitzin in St. Petersburg nahmen das Werk an. Dem österreichischen Hofe, gegen welchen Beethoven eine entschiedene, durch die politischen Ereignisse genährte Abneigung hegte, hatte es Beethoven gar nicht angeboten.

Der Graf Moritz Lichnowsky strebte gleichwohl dahin, unsern Meister dem kaiserlichen Hofe näher zu bringen, um ihm eine mehr gesicherte Existenz zu bereiten. Als im November 1822 die Stelle des kaiserlichen Hof-Compositeurs erledigt wurde, wandte der Graf sich zu Gunsten Beethoven's an den derzeitigen „Hof-Musikgrafen" Grafen Moritz von Dietrichstein, Gouverneur des Herzogs von Reichstadt. Graf Dietrichstein, welcher Beethoven sehr verehrte, bedauerte zwar, dem Wunsche nicht entsprechen zu können, weil die Stelle nicht wieder besetzt werden solle, glaubte indeß zu der intendirten Annäherung die Hand zu bieten, indem er den Meister veranlaßte, eine Messe nach dem Geschmacke des Kaisers zu schreiben. Beethoven fühlte sich von der Gesinnung des einflußreichen Mannes auf der einen Seite zwar angenehm berührt, auf der andern aber sah er seine Unabhängigkeit gefährdet, wenn er irgend ein bindendes Verhältniß zum Hofe einging. Nach vielem Hin- und Herschwanken lehnte er unter verschiedenen Gründen die Offerte ab, um so mehr, als er zu derselben Zeit aufgefordert wurde, ein Oratorium für die Philharmonische Gesellschaft in Boston „für jeden Preis" zu schreiben. Bei dieser Gelegenheit sprach

er sich schriftlich seinem Freunde Bihler gegenüber dahin
aus: „Ich schreibe nur das nicht, was ich am liebsten
möchte, sondern des Geldes wegen, was ich brauche. Es ist
deswegen nicht gesagt, daß ich blos um's Geld schreibe.
Ist diese Periode vorbei, so hoffe ich endlich zu schreiben,
was mir und der Kunst das Höchste ist — Faust." Zur
Lösung dieser Aufgabe ist Beethoven zwar leider nicht mehr
gelangt; daß es ihm für den Augenblick aber sehr um das
Geld zu thun war, werden wir sogleich sehen: Im Winter
von 1822 auf 23 erließ die Verlagshandlung Diabelli
u. Comp. einen Aufruf an die Componisten zur Lieferung
von Beiträgen zu einem Collectiv-Werke von Variationen
für das Pianoforte. Diabelli hatte das Thema angegeben.
Beethoven aber ließ ihn durch Schindler befragen, ob es
ihm lieb sei, wenn er das Thema allein bearbeite, worauf
der Verleger nicht nur bereitwillig einging, sondern dem
Componisten auch das bedeutende Honorar von 80 Ducaten
gewährte. Beethoven schrieb die Variationen während des
Sommeraufenthalts bei dem Baron v. Pronay zu Hetzendorf. Er hatte aber die gewünschten 6—7 Variationen auf
33 ausgedehnt, in welchen sich die heitere Stimmung abspie-
gelt, die sich seiner in der herrlichen Umgebung bemächtigt
hatte. Es scheint, als habe er seinen Sorgen auf einige
Wochen Schweigen gebieten wollen, die jedoch nach kurzem
täuschendem Schlummer um so heftiger an die Thür poch-
ten. Beethoven hatte sich durch die Umstände gedrängt früher genöthigt gesehen, zu Anleihen zu schreiten. Dazu gehörten namentlich auch Vorschüsse auf zu liefernde Werke,
mit welchen er jedoch im Rückstande blieb, während er neuere
Compositionen, um sich aus der Verlegenheit zu retten, andern Verlagshandlungen überließ. Jene, hierüber entrüs'et,
drohten mit gerichtlicher Klage. Beethoven sah sich daher
veranlaßt, die Schlichtung der Angelegenheit seinem Freunde
Dr. Bach zu übertragen. Dieser versuchte eine Gegenforde-
rung zu begründen, indem er hervorhob, daß die Gläubiger
sich seit langer Zeit im Besitze von Beethovenschen Manu-

scripten befänden, die immer noch nicht veröffentlicht wären, auf deren Herausgabe er daher bringen müsse. Er erhielt aber die kurze Erklärung: „Wir haben die Manuscripte bezahlt und können damit thun, was wir wollen." Um der Sache ein Ende zu machen und Beethoven neue Verdrießlichkeiten zu ersparen, rieth Bach ihm zum Verkaufe einer Bankactie, aus deren Erlös die Schuld gedeckt wurde. In ähnlicher Weise entledigte Beethoven sich zu derselben Zeit einer Verpflichtung gegen eine ihm sehr befreundete Familie in Frankfurt a. M.

Wir müssen hier nachholen, daß der glänzende Erfolg, welchen die wiederholte Aufführung des Fidelio im November 1822 erfahren, die Administration des kaiserlichen Opern-Theaters veranlaßt hatte, Beethoven um die Composition einer neuen Oper für dieses Kunst-Institut zu ersuchen. Zu dem Zwecke wurden ihm verschiedene Texte vorgelegt, von welchen ihm jedoch nur Franz Grillparzers „Melusina" zusagte. Der Dichter trat dem Tonmeister zwar persönlich näher, um sich mit ihm über die Ausführung zu verständigen; aber, wie sehr oder weil beide in socialer und politischer Hinsicht mit einander harmonisiren mochten, gab Beethoven die Composition für die kaiserliche Oper auf. — Als er zu derselben Zeit von dem preußischen Intendanten der königlichen Theater, Grafen Brühl, einen gleichen Auftrag erhielt, legte er demselben die Grillparzer'sche Dichtung zur Einsicht vor. Der Graf zollte derselben zwar seinen Beifall, bemerkte jedoch, daß sie zu große Aehnlichkeit mit dem für die Berliner Hofbühne in Scene gesetzten Ballet „Undine" habe. Dies bewog Beethoven, seine Absicht eine deutsche Oper zu schreiben, gänzlich aufzugeben, um so mehr, als er, nachdem er die ersten italienischen Gesang-größen, als: Lablache, Rubini, Donzelli, Ambrogi, die Fodor, Meric-Lalande, Darbanelli u. s. w. kennen gelernt, gegen die deutschen Sänger, welche er der Selbstgenügsamkeit bei mittelmäßiger Ausbildung beschuldigte, eingenommen war. Er konnte es nicht vergessen, daß die singenden Repräsentanten

seines Fidelio ihm seiner Zeit so viel Hindernisse in den
Weg gelegt. — Seine Absicht, eine italienische Oper zu
schreiben, blieb unausgeführt, wohl aber machte er sich nach
Ablieferung der Variationen für Diabelli sogleich an die
neunte Sinfonie.

Plötzlich wurde er für Jedermann unzugänglich. In
Gedanken vertieft, durchirrte er die Umgegend, notirte dies
und jenes, vergaß es neben andern Unregelmäßigkeiten sich
zur rechten Zeit zu Tische einzufinden, und indem er in dem
freundlichen Gruße seines gültigen Wirthes zu viel Demuth
erblickte, diese ihm aber Menschen gegenüber unerträglich
war, beschloß er, unverweilt nach Baden zu ziehen. Zu
dem Ende citirte er seinen Freund Schindler, mit welchem
er sich auf den Weg machte, um dort eine passende Wohnung
zu suchen, was nicht so leicht war, da die Bewohner des
Kurortes Beethoven als einen Sonderling kannten, der andere Kurgäste leicht verscheuchte. Auf vieles Bitten fand sich
endlich ein Hauswirth, bei dem unser Meister schon früher
gewohnt, bereit, ihn aufzunehmen, wenn er sich entschließen
wolle, die Zimmer an der Straße, wie es schon einmal geschehen, mit Fensterladen versehen zu lassen. Beethoven
mußte nolens volens auf die Bedingung eingehen und erfuhr
erst später, daß der speculative Wirth die alten Fensterladen,
welche der seltsame Gast zu allerlei Bleistiftnotizen benutzt,
für ganz artige Summen an Fremde verkauft hatte, welche
sie demnächst als werthvolles Andenken mit sich nahmen.

Beethoven hatte nun keine Ruhe mehr. Er verließ die
schöne Villa zu Hetzendorf und zog unter dem Beistande
Schindlers nach Baden, wo er bis gegen Oktober verblieb.
Bei der Rückkehr nach der Residenz nahm er eine Wohnung
in der, in der Vorstadt Landstraße belegenen Ungergasse.

Mit den drei ersten Sätzen der Sinfonie war Beethoven insoweit fertig, als er die Hauptgedanken skizzenartig zu
Papier gebracht hatte. Er machte sich nun mit unermüd-
licher Ausdauer daran, jene drei Sätze in Partitur auszu-
arbeiten, wobei er — beiläufig bemerkt — sich nie eines

Instrumentes bediente. — Welche Erschütterungen mußten
die Seele des Tondichters durchbebt haben, daß ihn selbst
der Drang übermannte, in dem vierten Satze einer versöh-
nenden, freudigen Regung Raum zu geben. Er gab ihr
Ausdruck in dem von Menschenstimmen getragenen Schiller-
liebe: „An die Freude."

Ueber dieses Riesenwerk, welches die vorangegangenen
acht Sinfonieen an Großartigkeit überragt, ist viel des Geist-
reichen geschrieben worden. Eine der vorzüglichsten Analy-
sen finden wir aber in dem von allen Kunstverständigen ge-
würdigten Programme Richard Wagner's, welches wir
im Anhange mittheilen, weil es recht geeignet ist, das Gott-
vertrauen und die Geistestiefe Beethoven's in das klarste Licht
zu stellen.

Nunmehr handelte es sich darum, sowohl die Sinfonie,
als die seit zwei Jahren fertige Missa solemnis zur Aufführung zu bringen. Dies schien dem Tondichter in Wien
unmöglich, da das durch die italienische Oper kunstästhetisch
verbildete Publikum an deutscher Musik, Weber's Freischütz
ausgenommen, keinen Geschmack fand. Darum wandte Beethoven sich an den Grafen Brühl mit der Anfrage, ob er
unter seiner Protection die Aufführung seiner beiden Werke
in Berlin zu bewirken geneigt sei. — Kaum hatte er eine
schmeichelhafte, zusagende Antwort erhalten, und kaum war
sie seinen Freunden und Verehrern bekannt geworden, als
dieselben, dreißig an der Zahl, darunter Fürst Lichnowsky
und dessen Bruder, die Grafen von Stockhammer, von Palfy,
von Fries, von Dietrichstein, ferner: Leibesdorf, Anton Diabelli, Abbé Stadler, Carl Czerny u. s. w., im Februar 1824
eine Adresse an den Tondichter richteten, um die der Kaiserstadt drohende Schmach abzuwenden. In dieser Adresse,
welche die großen Verdienste Beethoven's hervorhebt, heißt
es u. A.: „Säumen Sie nicht länger, uns die entschwun-
denen Tage zurückzuführen, wo Polyhymnens Gesang die
Geweihten der Kunst, wie die Herzen der Menge gleich mäch-
tig ergriff und entzückte!" Sollen wir Ihnen sagen, mit

wie tiefem Bedauern Ihre Zurückgezogenheit längst gefühlt
worden? Bedarf es der Versicherung, daß, wie alle Blicke
sich hoffend nach Ihnen wandten, Alle trauernd gewahrten,
daß der Mann, den wir in seinem Gebiete als den höchsten
unter den Lebenden nennen müssen, es schweigend ansah, wie
fremdländische Kunst sich auf deutschen Boden, auf den Ehren=
sitz der deutschen Muse lagert, deutsche Werke nur im Nach=
hall fremder Lieblingsweisen gefallen, und wo die Trefflich=
sten gelebt und gewirkt, eine zweite Kindheit des Geschmacks
dem goldenen Zeitalter der Kunst zu folgen droht?

„Sie allein vermögen den Bemühungen der Besten unter
uns einen entschiedenen Sieg zu sichern. Von Ihnen er=
warten der vaterländische Kunstverein und die deutsche Oper
neue Blüthen, verjüngtes Leben, und eine neue Herrschaft
des Wahren und Schönen über die Gewalt, welcher der
Modegeist des Tages auch die ewigen Gesetze der Kunst
unterwerfen will.“

Beethoven, erfreut über diesen Ausdruck wohlwollender
Gesinnung, sprach sein Gefühl, Schindler gegenüber in den
Worten aus: „Es ist doch recht schön! — Es freut mich!“

Man ging sogleich daran, eine große Akademie im Thea=
ter an der Wien zu arrangiren, dessen Director, Graf Fer=
dinand Palsy sich bereit erklärte, Beethoven das ganze
geräumige Haus und sämmtliche Kräfte der Oper und des
Orchesters für die mäßige Summe von 1200 Fl. W. Währ.
zur Disposition zu stellen. Die Sache scheiterte aber an
dem Verlangen Beethoven's, die bei dem Theater fungiren=
den Musikdirigenten v. Seyfried und Clement gegen
Umlauf und Schuppanzigh, der inzwischen aus Ruß=
land heimgekehrt war, zurücktreten zu lassen. Alle Vorstel=
lungen, den eigenwilligen Meister von diesem Verlangen in
seinem eigenen Interesse abzubringen, waren vergeblich.

Noch während der Unterhandlungen mit dem Grafen
v. Palsy hatte Schindler Gelegenheit genommen, bei der Di=
rection des Kärntner=Theaters nachzuhören, ob man geneigt
sein möchte, dasselbe Beethoven zu überlassen. Der Director

in der Hoffnung, ein gutes Geschäft zu machen, hatte weder dagegen noch gegen die Zulassung Schuppanzigh's etwas einzuwenden. Hier trat nur mancher andere Uebelstand her= vor, zunächst der, daß der ganze Opernchor zwei Jahre hin= durch nichts als Rossini'sche Musik gesungen hatte und vor den Schwierigkeiten, welche die Missa solemnis darbot, zu= rückbebte; dann, daß die Solisten ihre Partie zu hoch, ein= zelne Stellen als unsingbar erklärten und auf Abänderung bestanden: ferner, daß die Censur Bedenken hatte, die Auf= führung der Missa als Kirchenmusik auf dem Theater zuzu= lassen, daß Beethoven einen höhern Eintrittspreis verlangte, als die Administration gestatten wollte u. dgl. m. — End= lich verpflichtete Beethoven sich für Ueberlassung des Thea= ters nebst Personal, unter Beibehaltung der gewöhnlichen Abonnementspreise die sehr hohe Summe von 1000 Fl. W. Währ. zu zahlen.

So kam die Akademie am 7. Mai zu Stande.

Mit Rücksicht auf die Zeitdauer wurden aus der Messe nur das Kyrie, Credo, Agnus Dei und Dona vorgetragen, die Sinfonie aber wurde vollständig aufgeführt. Die Solo= Stimmen hatten Henriette Sonntag, Caroline Unger und die Sänger Haizinger und Seipelt. — Umlauf führte die Direction des Ganzen, Schuppanzigh die des Orchesters. Beethoven stand dem ersteren zur rechten Seite und beobachtete das Tempo beim Anfange jedes neuen Satzes.

In dem sonst überfüllten Hause blieb nur die kaiserliche Loge leer. — Ein stürmischer Applaus folgte der Aufführ= rung: aber Beethoven hörte nichts davon. Erst, als Caro= line Unger ihn nach dem Proscenium umwandte, sah er das, den Beifallsruf begleitende Schwenken der Hüte und Tücher. Als er nun durch eine Verbeugung seinen Dank zu erkennen gab, brach das begeisterte Auditorium in einen Jubel aus, wie man in diesem Hause bis dahin kaum erhört.

Dem Jubel folgte aber der Niederschlag, als Schindler den Meister mit dem finanziellen Resultat der Akademie be= kannt machte. Nach Abzug der 1000 Fl. für die Admini=

ſtration und der Koſten für Copiatur verblieben dem Con-
certgeber kaum 400 Gulden W. Währ. Als er davon Kenntniß nahm, ſank er in ſich zuſammen. Schindler und der
Staatsbeamte Hüttenbrenner brachten den Bewußtloſen
nach Hauſe, legten ihn im Concert-Anzuge auf das Sopha
und wachten bei ihm bis in die Nacht. Am andern Mor-
gen fanden ſeine Dienſtleute ihn in derſelben Lage noch
ſchlafend.

Die enthuſiaſtiſche Begrüßung der großartigſten Schöpfungen des Tonfürſten veranlaßte die gewinnſüchtige Ad-
miniſtration, denſelben zu einer Wiederholung der Akademie
aufzufordern, indem ſie ihm eine Einnahme von 500 Fl.
Conv.-M. = 1200 Fl. W. Währ. garantirte, zugleich aber
die Forderung ſtellte, anſtatt der Meſſe andere Geſang-Compoſitionen von Beethoven und zwei Solo-Vorträge fremder
Geſang-Compoſitionen auf das Programm zu ſtellen und die
letzteren italieniſchen Sängern zu übertragen. Beethoven
ſträubte ſich zwar dagegen, aber die Umſtände zwangen ihn
zum Nachgeben.

Das Concert kam am 23. Mai zu Stande. Neben der
neunten Sinfonie mit der früheren Beſetzung wurde von
Beethoven die große Ouvertüre op. 124, das Terzett „Empi,
tremate“ und das „Kyrie“ aus der Missa vorgetragen. Henriette Sonntag glänzte nächſtdem in einer Bravour-Arie von
Mercandante und der gefeierte Tenoriſt der italieniſchen Oper
David ſang — eine Parodie der Beethoven'ſchen Muſik gegenüber — die Cavatine „Di tanti palpiti“ aus Roſſini's
Tancred.

Das Concert, in der Mittagsſtunde eines ſchönen Mai-
tages gegeben, welcher das Publikum ins Freie lockte, hatte
ſich keines zahlreichen Beſuchs zu erfreuen. Die Koſten
wurden nicht gedeckt und der durch ſolchen Erfolg tief ge-
kränkte Beethoven war nur mit Mühe zu bewegen, die ihm
garantirten 500 Gulden anzunehmen.

Hinſichtlich der Missa iſt im Allgemeinen zu bemerken,
daß Beethoven in Beziehung auf Styl und Zeitdauer die

L. van Beethoven's Grabstätte auf dem Währinger Friedhof bei Wien.

kirchlichen Principien noch mehr außer Acht gelassen hat,
als Cherubini in seiner Messe in D. Er selbst räumt
darum ein, daß sie auch als Oratorium im Concertsaale zu
benutzen sei.

Die vielseitigen, zum Theile auseinandergehenden Aus=
lassungen urtheilsfähiger Kritiker über die Missa zu recapi=
tuliren, würde die Grenzen dieser Schrift überschreiten. —
Bemerkenswerth ist es aber, daß das Werk früher als in
Wien, bereits am 7. April 1824 in St. Petersburg aufge=
führt wurde. Der kunstverständige Fürst Galitzin schreibt
darüber an Beethoven:

„Man kann sagen, daß Ihr Genius Jahrhunderten
vorausgeeilt ist und daß es jetzt vielleicht keinen Zuhörer
giebt, der erleuchtet genug wäre, um die ganze Schönheit
dieser Musik zu genießen. Aber die Nachkommen werden
Ihnen huldigen und Ihr Andenken mehr segnen, als es die
Zeitgenossen vermögen."

Die Veröffentlichung der Missa solemnis erfolgte 1826,
eine vollständige Aufführung derselben in Deutschland aber
zuerst im Jahre 1845 unter Spohr's Leitung bei der In=
augurationsfeier von Beethoven's Standbild zu Bonn.

Nach Beseitigung der vorgedachten Akademieen begab
Beethoven sich noch auf einige Zeit nach Baden, wo er an
die Composition des Es-dur=Quartetts op. 127 ging, zu wel=
cher ihn der Fürst Galitzin veranlaßt hatte. — Dieses Quar=
tett, das erste der fünf letzten, welche Beethoven geschrieben
hat, trug den Charakter des Räthselhaften. Die besten
Freunde des Tonmeisters verkannten die harmonischen und
technischen Schönheiten nicht, hinsichtlich des Erkennens der
logischen Nothwendigkeit in der Ideenverbindung aber gin=
gen die Ansichten auseinander.

Als Beethoven im Oktober Baden verließ, miethete er
zu Gunsten seines Neffen, welcher die Universität beziehen
sollte, eine Wohnung in der Stadt. Bald darauf erkrankte
er in bedenklicher Weise, genas aber unter der ärztlichen
Sorgfalt des Professor Dr. Braunhöfer, welcher mit dem

4

ausgezeichneten Wissen die für den eigensinnigen Beethoven nothwendige wienerische Derbheit an das Krankenbett brachte.

Im Dezember wurde Beethoven von der philharmonischen Gesellschaft zu London unter glänzenden Anerbietungen zu einem Besuche eingeladen. Gern wäre er dem Rufe, der ihm Gold und Ruhm in Aussicht stellte, gefolgt; aber die Ausschweifungen seines innig geliebten Neffen hielten ihn an Wien gefesselt. Er machte sich daher an die Composition der noch übrigen drei Quartette; denn das in A-moll op. 132, hatte er bereits im Sommer 1825 geschrieben. In den Variationen desselben gab er seinem Dankempfinden nach überstandener Krankheit Ausdruck. Dieses Quartett, im November von Schuppanzig, Weiß, Linke und Holz öffentlich vorgetragen, hatte sich eines größeren Beifalls zu erfreuen, als das vorangegangene. — Dem A-moll-Quartette folgte das in B-dur op. 130 mit sechs Sätzen, etwas bis dahin in der Quartettmusik Unerhörtes. Die Allgem. Mus. Ztg. sprach sich darüber dahin aus: „Der erste, dritte und fünfte Satz sind ernst, düster, mystisch, wohl mitunter bizarr, schroff und capriciös; der zweite und vierte voll Muthwillen, Frohsinn und Schalkhaftigkeit; dabei hat sich der Tonsetzer, der besonders in den jüngsten Arbeiten selten Maß und Ziel zu finden wußte, ungewöhnlich kurz und bündig ausgesprochen. Den Sinn des fugirten Finale wagt Referent nicht zu deuten: für ihn war es unverständlich, chinesisch.“ — Der Verleger dieses Quartetts, M. Artaria, erklärte sich bereit, das oben gedachte Finale als selbstständiges Werk zu honoriren, wenn Beethoven sich entschließen wolle, einen neuen Schlußsatz in freiem Styl zu setzen. Der Meister ging darauf ein. Es war dies seine letzte Arbeit, sein Schwanenlied voll ernsten Humors. Das aus dem Quartette entfernte Finale erschien demnächst separat als: Große Quartettfuge op. 133.

Die Composition des Quartetts in Cis-moll op. 131, ebenfalls aus sechs Sätzen bestehend, sowie jene des Quartetts in F-dur op. 135 war schon im Sommer besselben Jahres beendet. Das letztere, welches nichts des Absonderlichen enthält, wurde, weil verständlicher, mit größerem Beifalle aufgenommen.

Schindler sagt bezüglich dieser fünf Quartette des Tonmeisters: „Wenn Beethoven's Gegner in (diesen) seinen letzten Schöpfungen nur Irrthum und Widerspruch erkennen wollen, so muß ihnen erwidert werden, daß selbst der Irrthum ehrwürdig erscheint, wenn er auf große und eble Intentionen gebaut und von reinen Mitteln getragen ist. Es wird sich aber unserm Meister nicht nachweisen lassen, daß seine Intentionen und Mittel anderer Art sind. Und dies vermag versöhnend und zugleich ermuthigend zu wirken, um in deren Studium nicht zu ermüden."

Wenn wir, abgesehen von den körperlichen Leiden Beethoven's, die trübe Gemüthsstimmung in Betracht ziehen, in welche die Sorge um seinen ungerathenen, undankbaren Nessen ihn versetzte; dann müssen wir fragen, woher er überhaupt noch den Muth schöpfte, mit neuen Produktionen seines Genies in die Welt zu treten? — Es war ihm aber einestheils Bedürfniß, seinen, an Verzweiflung grenzenden Seelenzustand in Tönen auszudrücken und anderntheils glaubte er seiner Existenz wegen sich noch nicht der Ruhe hingeben zu dürfen. — Sein Neffe vernachlässigte nicht nur seine Studien, sondern gab sich dem Spiele und andern Lastern hin, die ihn zu Grunde richten mußten. Er wurde darin durch den häufigen Verkehr mit seiner gänzlich gesunkenen Mutter noch mehr bestärkt. Die wohlgemeintesten väterlichen Ermahnungen des Oheims blieben unbeachtet. Wahrhaft rührend sind die Briefe, welche Beethoven im Sommer 1825 während seines Aufenthalts in Baden an ihn richtete; sie athmen eine Zärtlichkeit, welche an das Räthselhafte grenzt und eine Schwäche aufdeckt, welche mit den ernsten, auf Religiosität basirten Lebensansichten des Meisters kaum zu vereinbaren ist. — Als es sich herausstellte, daß der 20jährige Jüngling außer Stande war, seine wissenschaftliche Prüfung zu bestehen, eilte der gutmüthige Oheim zurück nach Wien, wo er seine letzte irdische Wohnung am Glacis der Vorstadt Mähring im zweiten Stockwerke des sogenannten Schwarzspanier-Hauses bezog, während der Neffe sich in dem, von jener Wohnung sehr entlegenen polytechnischen Institute unter Mitvormundschaft und Aufsicht des Vicedirektors Reisser befand. Aber so wenig dieser, als Beethoven, vermochte ihn von der Bahn fern zu halten, auf welcher er, in Schande und Verzweiflung verfallen, seinem jungen Leben durch Selbstmord ein Ziel zu setzen versuchte und in Folge dessen in die Hände der Polizei gerieth. So sah denn der Meister die einzige Hoffnung zertrümmert, die ihn noch an das Leben fesselte. Er sah seinen Namen beschimpft, und diese schmerzliche Erfahrung machte ihn zum Greise. Dennoch glaubte er Alles wagen zu müssen, den, seiner Liebe unwürdigen Adoptivsohn zu retten. Er gedachte seines alten Freundes Stephan v. Breuning, welcher als kaiserlicher wirklicher Hofrath eine sehr einflußreiche Stellung einnahm, desselben Mannes, der ihm seiner Zeit die Adoption des Neffen widerrathen und den er durch sein schroffes Wesen gekränkt und wie Schindler von sich gestoßen hatte. Ein herzlicher Brief an Breuning vermittelte die Versöhnung, deren sich auch Schindler bald darauf zu erfreuen hatte. Durch Vermittelung Breuning's wurde der Neffe, über welchen jener in Stelle des ausgeschiedenen Reisser die Mit-Vormundschaft übernahm, seiner Haft entlassen, jedoch mit der ausdrücklichen Weisung, nicht länger, als nur einen Tag noch in Wien zu verbleiben. — Der junge Sträfling hatte inzwischen den Entschluß gefaßt, die Offizier-Carriere einzuschlagen. Da die zu dem Zwecke nothwendigen Einleitungen aber Zeit erforderten, so begab unser Meister sich mit dem Neffen auf das Landgut seines Bruders Johann in Gneixendorf bei Krems. Beethoven sah sich hier von seinen nächsten Verwandten mit beispielloser Rücksichtslosigkeit behandelt, componirte in einer engen Stube des Wohnhauses unter Störungen und Entbehrungen gleichwohl den letzten

humoristischen Satz zu dem B-dur-Quartett op. 130, wäh=
rend der unverbesserliche Neffe ein sehr intimes Verhältniß
mit seiner, durchaus verächtlichen Tante unterhielt. — Das
wurde dem Meister unerträglich. Ohne den Erfolg der vor=
gedachten Einleitungen abzuwarten und auf die Gefahr hin,
mit der Polizei in Collision zu gerathen, verließ er mit dem
Neffen das Haus des Bruders, der ihm, um das Maß der
nichtswürdigsten Behandlung voll zu machen, seinen geschlos=
senen Wagen zur Rückreise verweigerte. Der leidende Mann
mußte sich in der Dezember = Temperatur mit einer offenen
Kalesche begnügen und zog sich eine gefährliche Unterleibs=
erkältung zu, die ihn auf das Krankenbett warf, auf wel=
chem er mehrere Tage zubrachte, bevor ihm endlich ärztliche
Hilfe durch Dr. Wawruch wurde. — In der zweiten Hälfte
des Dezember ging sein Neffe zum Regimente nach Iglau.
Seitdem fühlte Beethoven sein Herz erleichtert, wurde heiter
und sah mit Zuversicht seiner Genesung entgegen. Viel trug
dazu bei, daß Gerhard v. Breuning, welcher sich als
Arzt in Wien niedergelassen hatte, sich des kranken Meisters
mit freundschaftlicher Theilnahme und Sorgfalt annahm.
Der Kranke täuschte sich aber selbst über seinen Zustand.
Die Unterleibserkältung hatte eine Lungenentzündung her=
vorgerufen, welcher unmittelbar die Bauchwassersucht folgte,
die so rapide Fortschritte machte, daß am 28. Januar 1827
bereits die dritte Punction stattfinden mußte. — Seitdem
fühlte der Kranke mehr und mehr das Schwinden seiner
Kräfte. Indem das Vertrauen zu seinem Arzte gänzlich
schwand, gedachte er eines vormaligen Freundes, des Dr.
Malfatti, den er seiner Zeit, wie Andere, im Anfluge
störrischer Laune von sich entfernt hatte. Schindler gelang
es, nicht ohne Mühe, ihn zu einem Besuche Beethoven's zu
bewegen, der ihn, Verzeihung erflehend, mit offenen Armen
empfing. Mit dem Leidenden ausgesöhnt, übernahm Mal=
fatti die Behandlung desselben. Das Punscheis, welches er
ihm in reichlichen Gaben verordnete, erfrischte den Kranken
in dem Grabe, daß er mit neuem Lebensmuthe in die Zu=

kunft blickte und sehr geneigt war, sich wieder an die Arbeit zu machen, was ihm jedoch vom Arzte untersagt wurde,
der ihm nur das Lesen angenehm unterhaltender Schriften
gestattete. Die Walter Scott'schen Romane, deren Bekanntschaft er machte, sagten ihm nicht zu, wohl aber Plutarch,
Homer und ähnliche Klassiker; auch unterhielt er sich bei
dieser Gelegenheit mit der Durchsicht der Franz Schubert'-
schen Gesang-Compositionen, über welche er ein höchst bei-
fälliges Urtheil fällte.

Zu der Besorgniß, daß sein Krankenlager von langer
Dauer sein könne, gesellte sich die ihn quälende Subsistenz-
frage. Seine Freunde glaubten ihn mit dem Hinweise auf
die Staatspapiere beruhigen zu dürfen, welche er noch besaß;
aber er erklärte ihnen, daß sie zu dem Erbtheile seines Neffen gehörten, welches er nicht schmälern dürfe. Inmittelst
überwies ihm der Fürst Galitzin das Honorar von 125 Dukaten für die, für denselben componirten Quartette. — Während seiner Sorge auf solche Weise vorläufig Schweigen geboten wurde, erinnerte er sich, daß die Philharmonische Gesellschaft in London sich seiner Zeit erboten habe, ein Benefice zu seinem Besten zu geben. — Schindler wandte sich
dieserhalb an Moscheles. Dieser und des Meisters, wie auch
Göthe's Freund, J. A. Stumpff *) benachrichtigten Beethoven in einem, die größte Theilnahme aussprechenden Schreiben vom 1. März, daß die Gesellschaft beschlossen habe, ihm
zur Bestreitung seiner Bedürfnisse die Summe von 100 Pfd.
St. anzuweisen und gerne zu ferneren Diensten bereit sei.
— Er bedurfte derer nicht mehr! Sein Ende nahete mit
eiligen Schritten; er fühlte es und sprach es seinen Freunden Breuning und Schindler in den Worten aus: Plaudite
amici, comoedia finita est.**)

*) Ein Thüringer, welcher in London ein großes Vermögen erwor-
ben hatte, Beethoven hoch verehrte und ihm 1826 die sämmtlichen Werke
Händels in 40 Foliobänden zum Geschenke machte.
**) Jubelt meine Freunde, das Schauspiel ist zu Ende.

Noch in seinen letzten Tagen hatte er die Genugthuung, daß die Direction des Josephstädter Theaters auf den Grund des zwischen beiden Theilen im Jahre 1822 abgeschlossenen Contractes, welchen die Direction nicht gehalten, verurtheilt wurde, Beethoven das Theater mit allem Zubehör am 7. April 1827 zur freien Verfügung zu stellen. Daß der Meister selbst keine Rolle in dem am genannten Tage zu veranstaltenden Concerte übernehmen konnte, ist selbstverständlich. Zu seiner großen Freude traf Hummel um die Mitte des März in Wien ein, welcher schon am Tage nach seiner Ankunft in Begleitung des berühmten Instrumentenfabrikanten Andreas Streicher und seines Schülers Ferd. Hiller an das Krankenbett des leidenden Meisters eilte. Beide hatten sich seit dreizehn Jahren nicht gesehen. — Das Wiedersehen war ein wahrhaft rührendes; das alte gespannte Verhältniß war vergessen und Hummel bethätigte seine Versöhnung, indem er auf Beethoven's Bitte mit größter Bereitwilligkeit die Direction des erwähnten Concertes übernahm.

Am 24. März früh verlangte der sterbende Tonfürst die heiligen Sacramente, welche er gläubig empfing. Dann aber stellte sich der Todeskampf in entsetzlicher Weise ein und endete erst am 26. März gegen 6 Uhr Abends unter den Donnerschlägen eines gewaltigen Gewitters.

In diesem Momente befand sich an seinem Sterbelager nur einer seiner Verehrer, Anselm Hüttenbrenner*), welcher aus Graz herbeigeeilt war, um den Meister noch einmal zu sehen. Er drückte dem Entschlafenen, welcher ein Alter von 56 Jahren, 3 Monat und 9 Tagen erreicht hatte, die Augen zu, während die ihm treu zur Seite gestandenen Freunde Stephan v. Breuning und Anton Schindler sich auf den Friedhof begeben hatten, um die beneidenswerthe Stelle aus-

---

*) Anselm Hüttenbrenner war ein großer Musikfreund und braver Componist.

zuwählen, welche die sterblichen Ueberreste des großen Ver=
ewigten aufnehmen sollte.

Die beiden Freunde ordneten demnächst das feierliche
Leichenbegängniß an, welches sich am 29. März in den
Nachmittagsstunden durch die Straßen Wiens, zunächst nach
der Pfarrkirche in der Alster=Vorstadt, wo die priesterliche
Einsegnung stattfand, und dann nach dem Währinger Fried=
hofe bewegte. Im Gefolge hinter dem Sarge sah man als
Leidtragende Beethoven's Bruder Johann und dessen Schwa-
ger, einen Wiener Bäckermeister, dann Stephan v. Breuning
mit seinem Sohne, dem Arzte und Anton Schindler. Die
Sargdecke hielten die Capellmeister: zur Rechten Eybler,
Hummel, Seyfried und Kreutzer; zur Linken Weigl, Gyro=
wetz, Gänsbacher und Würfel. An zwanzig Tausend in
Trauer theilnehmende Menschen begleiteten den Zug bis zum
Friedhofe, wo ein bescheidener Stein in Pyramidenform mit
dem einfachen Namen „Beethoven" der Nachwelt erzählt:
Hier ruht die Hülle einer unsterblichen Größe!! —

Wir könnten unsere Biographie hiermit schließen, glau=
ben aber dem geneigten Leser schuldig zu sein, noch auf
einige Momente zurückzukommen, welche bezeichnend sind für
den originellen Charakter und die künstlerische Richtung
Beethoven's.

Was uns bei seinem Tode am nächsten liegt, ist sein
Testament, in welchem er seinen Neffen Carl van Beetho=
ven, ungeachtet allen Kummers, den er ihm durch sein ver=
schwenderisches leichtfertiges Leben bereitet, und trotz aller
Bedenken, welche seine Freunde dagegen geltend zu machen
suchten, dennoch zu seinem Universalerben einsetzte. — Die
ganze Summe des Nachlasses, worunter auch die 100 Pfd.
St. von dem Londoner Philharmonischen Vereine, belief sich
auf 10,232 Gulden C.=M., welche nach Abzug der Krank=
heits= und Begräbnißkosten, Gerichtsgebühren und dergleichen

sich auf 9,019 Gulben C.-M. ermäßigte. Dieser Betrag wurde bem Erben ausgehändigt, der, beiläufig bemerkt, nach dem Aufgeben der beabsichtigten Militär = Carriere in ein Privatverhältniß trat, sich später verheirathete und als geach= teter Mann und Familienvater gestorben ist.

Beethoven hätte ein bedeutendes Vermögen hinterlassen können; aber einestheils ließ seine künstlerische Genialität der Speculation keinen Raum und auf der andern Seite hatten Brüder und Neffe dafür gesorgt, daß der Inhalt sei= ner Schatulle nie überlief. Sein Freund und Sachwalter Dr. Bach sagt: „Er war nur Meister, er kannte nur die Kunst, die Vortheile davon überließ er Andern."

Daß der Katholik Beethoven, wenn er sich auch nicht zu den Dogmen und priesterlichen Satzungen der katholischen Kirche bekennen mochte, worüber er nicht minder als über die Motive zu seinen Compositionen ein undurchdringliches Schweigen beobachtete; so giebt sein ganzes Leben Zeugniß, daß in seinem Innern ein religiöses Feuer loberte, welches ihm als Leuchte diente auf allen seinen Wegen.

Beethoven ging mit Tagesanbruch an den Schreibtisch, den er selten vor 2—3 Uhr verließ, um dann sein Mittags= mahl einzunehmen. Lief er in der Zwischenzeit einmal ins Freie, so geschah es nur, um neuen Stoff zu sammeln. Den Kaffee, welchen er als sein vorzüglichstes Nahrungs= mittel und zwar recht stark liebte, bereitete er sich selbst in einer Glasmaschine. — Macaroni und Parmesankäse, sowie Fische, gehörten zu seinen Lieblingsgerichten; Suppe war selten nach seinem Geschmacke, wahrscheinlich, weil er zu un= regelmäßig zu Tische ging. Sein liebstes Getränk war fri= sches Brunnenwasser. Den Ofener Gebirgswein mochte er gern, vorzugsweise aber mundeten ihm gefälschte Weine, die sein Unterleibsleiden begründeten, obgleich er kein unmäßiger Trinker war. — Nachmittags machte er regelmäßig seinen Spaziergang, nie, ohne musikalische Motive im Kopfe zu verarbeiten, stier und finster vor sich hinblickend: hier und da hörte man das Brummen einzelner Sätze einer Melodie.

Nach dem Spaziergange besuchte er gewöhnlich ein bestimmtes Kaffeehaus in der Nähe seiner Wohnungen — die oft wechselten. Hier fanden ihn seine Freunde und suchten ihn Fremde auf, die den berühmten Meister persönlich kennen lernen wollten. — Hier las er in einem abgesonderten Zimmer bei einer Tasse Kaffee oder einem Glase Bier die Zeitungen, unterhielt sich über die Tagesneuigkeiten und benutzte dann die Hinterthür, um den Ort eiligst zu verlassen. Die Winterabende aber verbrachte er stets zu Hause. Selten beschäftigte er sich dann mit der Musik, wohl aber mit dem Lesen gediegener Schriften. Sein Abendessen bestand in der Regel aus einem Teller Suppe und aus Resten vom Mittagsmahle. Spätestens um 10 Uhr ging er schlafen. — So wenig der Meister auf elegante oder moderne Kleidung hielt, gehörte häufiges Waschen und Baden zu seinen vornehmsten Bedürfnissen. Er kam nicht selten mit seinen Wirthen in Conflikt, wenn das Wasser durch die Zimmerböden drang. —

Das Naturwüchsige seines äußeren Wesens verleugnete er auch in den aristokratischen, vornehmen Kreisen nicht, in welchen er sich von seinen Knabenjahren an bewegte. Er erschien dort als der ungeschliffene Diamant von unschätzbarem Werthe. Man übersah den Mangel an convenienzieller Form. Fürsten zogen ihn zu sich herauf, und er, in dessen Augen nur das wahre Verdienst, die Seelengröße des Menschen Geltung hatte, fühlte sich nicht zu gering, um in der Gesellschaft neben ihnen eine Stelle einzunehmen.

In glühender Sprache schildert Ludwig Eckardt in seinen Wandervorträgen die Bedeutung Beethoven's als Künstler, wenn er sagt: „Vor Beethoven war die Musik fast ausschließlich Sprache des Gefühls. Beethoven selbst verschmähte es nicht vollends, die Liebe zu singen; aber er singt ihre reinere, platonische Auffassung. Er suchte zuerst in Tönen objektiv zu sein; er erweiterte den Sprachreichthum der Musik, indem er sie lehrte, in Zukunft nicht blos die Stimmungen des Herzens, sondern auch des Geistes, des bewußten Menschen, die gewaltigen Kämpfe der neuen Weltanschauung wiederzugeben; er führte die Freiheit in die Tonwelt ein. Wer hört nicht ihr Wehen und Rauschen in der heroischen Sinfonie? In der Egmont-musik, in der er selbst Göthe durch tragische Größe schlug? In der „Schlacht von Vittoria", dem Preisgesange natio-naler Erhebung? Nicht die Gesangstimme, nur das volle Orchester genügte ihm, das Orchester, gleichsam das Volk in Tönen. Er ist wie Schiller erst in zweiter Reihe Lyri-ker, er ist Dramatiker, wenn er auch nur eine, aber eine wahrhaft deutsche Oper schrieb. Er ist Dramatiker durch alle Sinfonien hindurch, ja Tragiker, der uns in Tönen predigt: „So klopft das Schicksal an die Thüre des Menschen."

Nicht mit dem göttlichen Leichtsinn Mozarts begabt, trägt der Riese Beethoven schwer an der Atlaslast des Le-bens; nur durch welterschütternde Dissonanzen kämpft er sich zu der Ahnung einer Harmonie hindurch und steht mit Schil-ler auf der Seite des Ideals gegen eine feindliche oder feind-lich geglaubte Welt. Beide schaffen, obwohl sie objektiv schil-dern wollen, subjektiv und erscheinen daher in ihren Wer-ken gestaltenärmer; aber gerade dieses unverschleierte, mäch-tig die Hülle der Kunst durchbrechende, unmittelbar an uns herantretende Ich reißt die Masse, die Jugend hin. Wenn Göthe und Mozart vor Allem Künstler, so waren Schiller und Beethoven vor Allem Menschen, fühlende Glieder der Gattung. Daher sind sie nicht ohne Tendenz gewesen, so schlimm die Aesthetik über diese sprechen mag, und Beetho-ven schrieb an Bettina: „Rührung paßt nur für Frauen-zimmer (verzeihe mir's), dem Manne muß die Musik Feuer aus dem Geiste schlagen", daher wenden sich Mozart und Göthe zunächst an die Frauen, Beethoven und Schiller an die Männer; daher ist Beiden der Stoff, nicht die Form das Erste gewesen, das Was und nicht das Wie, der Ent-wurf und nicht die Ausführung. Es will damit weder eine einseitige Richtung als die wahre proklamirt, noch gesagt

werben, daß nicht auch sie nach vollenbeten Formen gerun=
gen hätten. — — — So haben wir am Eingange unseres
Jahrhunderts in jeder der Hauptkünste einen Mann getrof=
fen, der mit Schiller ein Träger des an der echten Antike
genährten Ideals, des Pathos, des im Drama lebenden
Geistes, ein Freund der geschichtlichen Entwickelung
der Menschheit, ein Sohn der Freiheit war. Wir beto=
nen diese; denn sie ist die Lebensluft echter Kunst."

Nicht minder schön spricht sich Marx in seinem vor=
trefflichen Werke „Ludwig van Beethoven's Leben und Schaf=
fen" über den Meister aus, wenn er sagt: „Beethoven's
Heimath war die Welt der Instrumente, sein Beruf war
gewesen, diese Welt mit dem bewußten Geiste zu durchbrin=
gen und mit der künstlerischen Idee zu durchleuchten. Diese
Welt war durch ihn zum Bewußtsein gekommen, diese höl=
zernen und blechernen Instrumente waren Stimmen, leben=
dige, beseelte, durchgeistete, charakteristisch gezeichnete Wesen
geworden. Wie die Schrift den Menschen „das Ebenbild
Gottes" nennt, so können wir jene Stimmen und Wesen
„Ebenbilder der Menschenstimme und des Menschengeistes"
nennen."

Wäre es Beethoven doch vergönnt gewesen, die große
Zeit seines hundertjährigen Geburtstages zu erleben! Seine
projektirte zehnte Sinfonie würde jede frühere in den Hin=
tergrund gedrängt haben; denn was hätte ihn zu höherer
Begeisterung zu entflammen vermocht, als der Sieg des freien,
einigen Deutschlands über Frankreichs nur zu lang gedul=
dete freche Tyrannei! —

Beilagen.

1.
Programm Richard Wagners zur neunten Sinfonie von Beethoven.

Vorbemerkung.

Bei der großen Schwierigkeit, die Demjenigen, der zu einem genaueren und innigeren Bekanntwerden mit diesem wundervoll bedeutsamen Kunstwerke noch nicht gelangen konnte, bei seiner ersten Anhörung für das Verständniß desselben entsteht, dürfte das Bestreben wohl erlaubt erscheinen, einem wahrscheinlich nicht ganz geringen Theile der Zuhörer, der sich in der bezeichneten Lage befindet, nicht etwa zu einem absoluten Verständniß des Beethoven'schen Meisterwerks verhelfen zu wollen — da dies wohl nur aus eigener innerer Anschauung hervorgehen kann — sondern durch Hindeutungen wenigstens die Erkenntniß der künstlerischen Anordnung desselben zu erleichtern, die bei ihrer großen Eigenthümlichkeit und noch gänzlich unnachgeahmten Neuheit dem weniger vorbereiteten und somit leicht verwirrbaren Zuhörer zu entgehen im Stande sein dürfte. Muß nun zunächst zugestanden werden, daß das Wesen der höheren Instrumentalmusik namentlich darin besteht, in Tönen das auszusprechen, was in Worten unaussprechbar ist, so glauben wir uns hier auch nur andeutungsweise der Lösung einer unerreichbaren Aufgabe selbst dadurch zu nähern, daß wir Worte unseres großen Dichters Göthe zu Hilfe nehmen, die, wenn sie auch keineswegs mit Beethovens Werke in unmittelbarem Zusammenhange stehen und auf keine Weise die Bedeutung seiner rein musikalischen Schöpfung irgendwie durchdringend zu bezeichnen vermögen, dennoch die ihr zu Grunde liegenden höheren menschlichen Seelenstimmungen so erhaben ausdrückend, daß man im schlimmsten Falle des Unvermögens eines weiteren Verständnisses sich wohl mit der Festhaltung dieser Stimmungen begnügen dürfte, um wenigstens nicht gänzlich ohne Ergriffenheit von der Anhörung des Musikwerkes scheiden zu müssen.

Erster Satz.

Ein im großartigsten Sinne aufgefaßter Kampf der nach Freude ringenden Seele gegen den Druck jener feindlichen Gewalt, die sich zwischen uns und das Glück der Erde stellt, scheint dem ersten Satze zu Grunde zu liegen. Das große Hauptthema, das gleich Anfangs wie aus einem unheimlich bergenden Schleier nackt und mächtig heraustritt, könnte dem Sinne der ganzen Tondichtung nicht durchaus unangemessen vielleicht übersetzt werden durch Göthe's Worte: „Entbehren sollst Du! Sollst entbehren!" Diesem gewaltigen Feinde gegenüber erkennen wir einen edlen Trotz, eine männliche Energie des Widerstandes, der bis in die Mitte des Satzes sich zu einem offenen Kampfe mit dem Gegner steigert, in welchem wir zwei mächtige Ringer zu erblicken glauben, von denen jeder als unüberwindlich vom Kampfe wieder nachläßt. In einzelnen Lichtblicken vermögen wir das wehmüthig süße Lächeln des Glücks zu erkennen, das uns zu suchen scheint, nach dessen Besitz wir ringen und von dessen Erreichen uns jener tückisch mächtige Feind zurückhält, mit seinem mächtigen Flügel uns umschattend, so daß uns selbst der Blick auf jene ferne Huld getrübt wird und wir in finsteres Brüten zurücksinken, das sich nun wieder zum trotzigen Widerstand, zu neuem Ringen gegen den freudraubenden Dämon zu erheben vermag. So bilden Gewalt, Widerstand, Aufringen, Sehnen, Hoffen, Fast-Erreichen, neues Verschwinden, neues Suchen, neues Kämpfen — die Elemente der rastlosen Bewegung dieses wunderbaren Tonstücks, welche jedoch einige Male zu jedem anhaltenderen Zustande gänzlicher Freudlosigkeit herabsinkt, die Göthe mit den Worten bezeichnet:

„Nur mit Entsetzen wach ich Morgens auf,
„Ich möchte bittre Thränen weinen,
„Den Tag zu sehn, der mir in seinem Lauf
„Nicht Einen Wunsch erfüllen wird, nicht Einen.
„Der selbst die Ahnung jeder Lust
„Mit eigensinnigem Krittel mindert,
„Die Schöpfung meiner regen Brust
„Mit tausend Lebensfratzen hindert.
„Auch muß ich, wenn die Nacht sich niedersenkt,
„Mich ängstlich auf das Lager strecken.
„Auch da wird keine Rast geschenkt,
„Mich werden wilde Träume schrecken.“

Am Schlusse des Satzes scheint diese düstere, freudlose Stimmung, zu riesenhafter Größe anwachsend, das All' zu umspannen, um in furchtbar erhabener Majestät Besitz von dieser Welt nehmen zu wollen, die Gott — zur **Freude** schuf. —

Zweiter Satz.

Eine wilde Lust ergreift uns sogleich mit den ersten Rhythmen dieses zweiten Satzes: eine neue Welt, in die wir eintreten, in der wir fortgerissen werden zum Taumel, zur Betäubung; es ist, als ob wir, von der Verzweiflung getrieben, vor ihr flöhen, um in steten, rastlosen Anstrengungen ein neues, unbekanntes Glück zu erjagen, da das alte, das uns sonst mit seinem fernen Lächeln umstrahlte, uns gänzlich entrückt und verloren gegangen zu sein scheint. Göthe spricht diesen Drang auch für hier vielleicht nicht unbezeichnend durch die Worte aus:

„Bon Freude sei nicht mehr die Rede.

„Dem Taumel weih' ich mich, dem schmerzlichsten Genuß!

„Laß in den Tiefen der Sinnlichkeit

„Uns glühende Leidenschaften stillen!

„In undurchdrungenen Zauberhüllen

„Sei jedes Wunder gleich bereit!

„Stürzen wir uns in das Rauschen der Zeit,

„Ins Rollen der Begebenheit!

„Da mag denn Schmerz und Genuß,

„Gelingen und Verdruß

„Mit einander wechseln, wie es kann,

„Nur rastlos bethätigt sich der Mann."

Mit dem jähen Eintritt des Mittelsatzes eröffnet sich uns plötzlich eine jener Scenen irdischer Lust und vergnüglichen Behagens: eine gewisse derbe Fröhlichkeit scheint in dem einfachen, oft wiederholten Thema sich auszusprechen. Naivetät, selbstzufriedene Heiterkeit, und wir sind versucht, an Göthe's Bezeichnung solch bescheidener Vergnüglichkeit zu denken: „Dem Volke hier wird jeder Tag ein Fest; Mit wenig Witz und viel Behagen, Dreht jeder sich im engen Zirkeltanz" u. s. w. Um solch eng beschränkte Heiterkeit als das Ziel unseres rastlosen Jagens nach Glück und edelster Freude anzuerkennen sind wir aber nicht gestimmt: unser Blick auf diese Scene umwölkt sich, wir wenden uns ab, um uns von Neuem jenem rastlosen Antriebe zu überlassen, der uns mit dem Drängen der Verzweiflung unaufhaltsam vorwärts jagt, um das Glück anzutreffen, das wir ach! so nicht antreffen sollen, denn wiederum werden wir am Schlusse des Satzes nur auf jene Scene vergnüglichen Behagens hingetrieben, der wir vorher schon begegneten, und die wir diesmal sogleich bei ihrem ersten Wiedergewahrwerden mit unmuthiger Hast von uns stoßen.

Dritter Satz.

Wie anders sprechen diese Töne zu unserem Herzen! Wie rein, wie himmlisch besänftigend lösen sie den Trotz, den wilden Drang, der von Verzweiflung geängsteten Seele, in weiche, wehmüthige Empfindung auf! Es ist, als ob uns Erinnerung erwache, Erinnerung an ein früh genossenes, reinstes Glück:

„Sonst stürzte sich der Himmels-Liebe Kuß

„Auf mich herab, in ernster Sabbathstille;

„Da klang so ahnungsvoll des Glockentones Fülle,

„Und ein Gebet war brünstiger Genuß."

Mit dieser Erinnerung kommt uns auch hier wieder jene süße Sehnsucht an, die sich schon so schön in dem zweiten Thema des Satzes aus-

spricht, und dem wir nicht ungeeignet Göthe's Worte unterlegen
möchten:

„Ein unbegreiflich holdes Sehnen

„Trieb mich, durch Wald und Wiesen hinzugehn",

„Und unter tausend heißen Thränen

„Fühlt' ich mir eine Welt entstehn."

Es erscheint wie das Sehnen der Liebe, dem wiederum, nur in be-
wegterem Schmucke des Ausdrucks, jenes Hoffen verheißende und süß be-
ruhigende erste Thema antwortet, so daß es bei der Wiederkehr des zweiten uns dünkt, als ob Liebe und Hoffnung sich umschlängen, um ganz
wieder ihre sanfte Gewalt über unser gemartertes Gemüth zu erringen:

„Was sucht ihr, mächtig und gelind,

„Ihr Himmelstöne mich am Staube?

„Klingt dort umher, wo weiche Menschen sind."

So scheint das noch zuckende Herz mit sanftem Widerstande sie von
sich abwehren zu wollen: aber ihre süße Macht ist größer, als unser bereits erweichter Trotz; wir werfen uns diesem holden Boten reinsten
Glückes überwältigt in die Arme:

„O tönet fort, ihr süßen Himmelslieder!

„Die Thräne quillt, die Erde hat mich wieder!"

Ja, das wunde Herz scheint zu genesen, sich zu erkräftigen und zu
muthiger Erhebung zu ermannen, die wir in dem fast triumphirenden
Ganzen, gegen das Ende des Satzes hin, zu erkennen glauben; noch ist
aber diese Erhebung nicht frei von der Rückwirkung der durchlebten
Stürme; jeder Anwandelung des alten Schmerzes drängt sich aber sogleich neu besänftigend jene holde zauberische Macht entgegen, vor der sich
endlich wie in letztem erlöschenden Wetterleuchten das zertheilte Gewit-
ter verzieht.

Vierter Satz.

Den Uebergang vom dritten zum vierten Satze, der wie mit einem
grellen Aufschrei beginnt, können wir ziemlich deutlich noch durch Göthe's
Worte bezeichnen:

„Aber ach! schon fühl' ich bei dem besten Willen

„Befriedigung noch nicht aus dem Busen quillen,

„Welch „holder Wahn", — doch ach! ein „Wähnen" nur,

„Wo saß ich dich, unendliche Natur?"

„Euch Brüste, wo? Ihr Quellen allen Lebens,

„An denen Himmel und Erde hängt,

„Dahin die welke Brust sich drängt;

„Ihr quellt, ihr tränkt, und schmacht' ich so vergebens?"

Mit diesem Beginn des letzten Satzes nimmt Beethoven's Musik
einen entschieden sprechenden Charakter an; sie verläßt den in den drei

erften Sätzen feftgehaltenen Charakter der reinen Instrumentalmufik, der fich im unendlichen und unentschiedenen Ausdruck kund giebt. Der Fortgang der mufikalischen Dichtung bringt auf Entscheidung, auf eine Entscheidung, wie fie nur in der menschlichen Sprache ausgesprochen werden kann. Bewundern wir, wie der Meister das Hinzutreten der Sprache und Stimme des Menschen als eine zu erwartende Nothwendigkeit in diesem erschütternden Recitativ der Instrumentalbässe vorbereitet, welches, die Schranken der absoluten Mufik fast schon verlassend, wie mit kräftiger, gefühlvoller Rede den übrigen Instrumenten, auf Entscheidung bringend, entgegen tritt und endlich selbst zu einem Gesangsthema übergeht, das in seinem einfachen, wie in feierlicher Freude bewegten Strome, die übrigen Instrumente mit sich fortzieht und so zu einer mächtigen Höhe anschwillt. Es erscheint dies wie der letzte Versuch, durch Instrumentalmufik allein ein sicheres, fest begrenztes und untrübbares Glück auszudrücken. Das unbändige Element scheint aber dieser Beschränkung nicht fähig zu sein, „wie zum braufenden Meere schäumt es auf, sinkt wieder zurück, und stärker noch als vorher dringt der wilde chaotische Aufschrei der unbefriedigten Leidenschaft an unser Ohr" — da tritt eine menschliche Stimme mit dem klaren, sicheren Ausdruck der Sprache dem Tone der Instrumente entgegen, und wir wissen nicht, ob wir mehr die kühne Eingebung oder die große Naivetät des Meisters bewundern sollen, wenn er diese Stimme den Instrumenten zurufen läßt: „Ihr Freunde, nicht diese Töne! Sondern laßt uns angenehmere anstimmen und freudevollere!" Mit diesen Worten wird es Licht in dem Chaos, ein bestimmter, sicherer Ausdruck ist gewonnen, in dem wir, von dem beherrschten Elemente der Instrumentalmufik getragen, klar und deutlich das ausgesprochen hören dürfen, was dem gequälten Streben nach Freude als festzuhaltendes höchstes Glück erscheinen muß.

„Freude, schöner Götterfunken,
„Tochter aus Elysium,
„Wir betreten feuertrunken,
„Himmlische, Dein Heiligthum.
„Deine Zauber binden wieder,
„Was die Mode streng getheilt.
„Alle Menschen werden Brüder,
„Wo Dein sanfter Flügel weilt.

„Wem der große Wurf gelungen,
„Eines Freundes Freund zu sein,'
„Wer ein holdes Weib errungen,
„Stimm in unsern Jubel ein!

5

„Ja, wer auch nur eine Seele
„Sein nennt auf dem Erdenrund
„Und wer's nie gekonnt, der stehle
„Weinend sich aus unserm Bund.

  „Freude trinken alle Wesen
„An den Brüsten der Natur,
„Alle Guten, alle Bösen
„Folgen ihrer Rosenspur.

„Küsse gab sie uns und Reben,
„Einen Freund, geprüft im Tod;
„Wollust ward dem Wurm gegeben,
„Und der Cherub steht vor Gott." —

Muthige, kriegerische Klänge nähern sich: wir glauben eine Schaar
von Jünglingen daherziehend zu gewahren, deren freudiger Heldenmuth
sich in den Worten ausspricht: „Froh wie seine Sonnen fliegen" „Durch
des Himmels prächtgen Plan", „Laufet Brüder, Eure Bahn", „Freudig
wie ein Held zum Siegen." Dies führt wie zu einem freudigen Kampfe
durch Instrumente allein ausgedrückt; wir sehen die Jünglinge muthig
sich in die Schlacht stürzen, deren Siegesfrucht die Freude sein soll; und
noch einmal fühlen wir uns gedrungen, Worte Göthe's anzuführen: „Nur
der verdient sich Freiheit, wie das Leben: Der täglich sie erobern muß."

Der Sieg, an dem wir nicht zweifelten, ist erkämpft; den Anstrengungen der Kraft lohnt das Lächeln der Freude, die jauchzend im Bewußtsein neu errungenen Glückes ausbricht:

„Freude, schöner Götterfunken,
Tochter aus Elysium,
Wir betreten feuertrunken,
Himmlische, Dein Heiligthum.
Deine Zauber binden wieder,
Was die Mode streng getheilt;
Alle Menschen werden Brüder,
Wo Dein sanfter Flügel weilt."

Nun bringt im Hochgefühl der Freude der Ausspruch allgemeiner Menschenliebe aus der hochgeschwellten Brust hervor; in erhabener Begeisterung wenden wir aus der Umarmung des ganzen Menschen-
geschlechts uns zu dem großen Schöpfer der Natur, dessen beseligendes
Dasein wir mit klarem Bewußtsein ausrufen, ja — den wir in einem
Augenblicke erhabensten Entrücktseins durch den sich theilenden blauen
Aether zu erblicken wähnen.

„Seid umschlungen Millionen!"
Diesen Kuß der ganzen Welt!
Brüder — überm Sternenzelt
Muß ein lieber Vater wohnen.

„Ihr stürzt nieder Millionen?
„Ahnest Du den Schöpfer, Welt?
„Such' ihn überm Sternenzelt!
„Ueber Sternen muß er wohnen."

Es ist, als ob wir nun durch Offenbarung zu dem beseligenden Glauben berechtigt worden wären: jeder Mensch sei zur Freude geschaffen. In kräftigster Ueberzeugung rufen wir uns gegenseitig zu:

„Seid umschlungen, Millionen!
„Diesen Kuß der ganzen Welt!"

und

„Freude, schöner Götterfunken,
„Tochter aus Elysium,
„Wir betreten feuertrunken,
„Himmlische, Dein Heiligthum."

Denn im Bunde mit von Gott geweihter allgemeiner Menschenliebe dürfen wir die reinste Freude genießen. — Nicht mehr nur in Schauern der erhabensten Ergriffenheit, sondern auch im Ausdrucke einer uns geoffenbarten, süß beglückenden Wahrheit dürfen wir die Frage:

„Ihr stürzt nieder, Millionen?
„Ahnest Du den Schöpfer, Welt?"

beantworten mit:

„Such' ihn überm Sternenzelt!
„Brüder — überm Sternenzelt
„Muß ein lieber Vater wohnen."

Im traulichsten Besitze des verliehenen Glückes, des wiedergewonnenen kindlichsten Sinnes für die Freude, geben wir uns nun ihrem Genusse hin: uns ist die Unschuld des Herzens wiedergegeben, und segnend breitet sich der Freude sanfter Flügel über uns aus:

„Freude, Tochter aus Elysium,
„Deine Zauber binden wieder,
„Was die Mode streng getheilt;
„Alle Menschen werden Brüder,
„Wo Dein sanfter Flügel weilt."

5*

Dem milden Glücke der Freude folgt nun ihr Jubel: jubelnd schließen wir die Welt an unsere Brust, Jauchzen und Frohlocken erfüllt die
Luft wie Donner des Gewölkes, wie Brausen des Meeres, die in ewiger
Bewegung und wohlthätiger Erschütterung die Erde beleben und erhalten zur Freude der Menschen, denen Gott sie gab, um glücklich darauf zu sein.

> „Seid umschlungen, Millionen!
> „Diesen Kuß der ganzen Welt!
> „Brüder — überm Sternenzelt
> „Muß ein lieber Vater wohnen. —
> „Freude! Freude, schöner Götterfunken!“

Beethoven-Statue in Bonn.

2.

Katalog

der

Werke Beethoven's.

———————

Vorbemerkung.

Das Verzeichniß der Beethoven'schen Werke entbehrt leider der streng chronologischen Stufenfolge. — Beethoven legte aber einestheils auf dergleichen äußere Dinge wenig Werth, anderntheils erschienen manche Compositionen, nachdem sie von den Verlegern acquirirt waren, erst nach Verlauf von Jahren und wurden dann erst mit einer Opusnummer versehen. — Das lange Lagern der Manuscripte wurde aber, namentlich in den beiden ersten Decennien unseres Jahrhunderts durch die Zeitverhältnisse geboten, welche den Sinn für die Kunst mehr und minder unterdrückten und einen gewinnreichen Absatz von Musikalien nicht in Aussicht stellten.

Das Verzeichniß enthält zuerst solche Werke, welche mit Opus-Nummern versehen sind, dann solche, welche Beethoven mit einfacher Nummer ohne den Vorbemerk „Opus" bezeichnet hat, endlich solche, denen jede derartige Bezeichnung fehlt.

In dem Nachweise der letzteren Compositionen, welche mehrentheils aus dem Nachlasse stammen oder nur als Beilagen zu musikalischen Zeitschriften bekannt geworden sind, sind solche unberücksichtigt geblieben, deren Originalität zweifelhaft ist, oder welche bereits in Collectionen der ersten beiden Abtheilungen vorkommen.

Wo in dem Kataloge zwei Jahreszahlen vermerkt sind, bezeichnet die erste das Jahr der Composition, die andere das des Erscheinens, eine einzelne das Letztere, wenn nicht „componirt" vorbemerkt ist.

———

I. Abtheilung.

Compositionen,

welche von Beethoven mit der Bezeichnung „Opus"
versehen sind.

Opus
1. Drei Trios für Pfte., Viol. u. Vcell. Nr. 1. Esdur,
   2. Gdur, 3. Cmoll. Dem Fürsten von Lichnowsky
   gewidmet. Comp. 1791/2. 1795. Nr. 3 von B.
   als Quintett arrangirt. S. op. 104.
2. Drei Sonaten für Pfte.-Solo. No. 1. Fmoll, 2. Adur,
   3. Cdur. Jos. Haydn gew. 1796.
3. Großes Trio für Viol., Brat. u. Vcell. Esdur. 1796.
   Als Sonate für Pfte.-Solo arrang. S. op. 64.
4. Quintett für zwei Viol., zwei Brat. u. Vcell. Esdur.
   1795. 1797. S. op. 63 u. 103.
5. Zwei große Sonaten für Pfte. und Vcell. oder Viol.
   No. 1. Fdur, 2. Gmoll. Gew. Friedr. Wilhelm II.
   König von Preußen. 1796. 1797.
6. Leichte Sonate für Pfte. zu 4 Händen. Ddur. 1797.
7. Große Sonate für Pfte.-Solo. Esdur. Der Gräfin
   Babette von Keglevics gew. 1797.
8. Serenade für Viol., Brat. u. Vcell. Ddur. 1797.
   S. op. 42.
9. Drei Trios für Viol., Brat. u. Vcell. No. 1. Gdur,
   2. Ddur, 3. Cmoll. Dem Grafen von Browne
   gew. 1798.

Opus

10. Drei Sonaten für Pfte.-Solo. No. 1. Cmoll, 2. Fdur, 3. Ddur. Der Gräfin v. Browne gew. 1798.

11. Großes Trio für Pfte., Viol. (ober Clarinette) unb Vcell. Bdur. Gew. ber Gräfin v. Thun. 1798.

12. Drei Sonaten für Pfte. unb Viol. No. 1. Ddur, 2. Adur, 3. Esdur. F. A. Salieri gew. 1799.

13. Sonate pathétique für Pfte.-Solo. Cmoll. Dem Fürsten Lichnowsky gew. 1799.

14. Zwei Sonaten für Pfte.-Solo. No. 1. Edur, 2. Gdur. Der Baronin Braun gew. 1799.

15. 1 stes Concert für Pfte. mit Orchesterbegleit. Cdur. Gew. ber Fürstin Odescalchi geb. Gräfin Keglevics. 1795. 1801.

16. Quintett für Pfte., Oboe, Clar., Horn unb Fagott. Esdur. Dem Fürsten von Schwarzenberg gewibm. 1798. 1801.

17. Sonate für Pfte. unb Horn ob. Vcell. ob. Flöte ob. Viol. Fdur. Der Baronin Braun gew. 1800. 1801.

18. Sechs Quartette für 2 Viol., Brat. u. Vcell. No. 1. Fdur, 2. Gdur, 3. Ddur, 4. Cmoll, 5. Adur, 6. Bdur. Dem Fürsten v. Lobkowitz gew. Comp. 1798—1800. Erschienen 1802.

19. 2 tes Concert für Pfte. mit Orchesterbegleit. Bdur. Gew. C. Nickl, Eblem von Nickelsberg. 1798. 1802.

20. Septett für Viol., Brat., Horn, Clar., Fagott, Vcell. unb Contrabaß. Esdur. Der Kaiserin Maria Theresia gew. Comp. 1798—1800. Erschienen 1801. Als Trio arrang. S. op. 38.

21. 1 ste Sinfonie für Orchester. Cdur. Gewidmet dem Baron Gottfried van Swieten. Comp. 1798—1800. Veröffentl. 1801.

22. Große Sonate für Pfte.-Solo. Bdur. Dem Grafen von Browne gew. 1799. 1802.

23. Sonate für Pfte. unb Viol. Amoll. Dem Grafen Moritz von Fries gew. 1801.

— 73 —

Opus
24. Sonate für Pfte. und Viol. Fdur. Dem Grafen
Moritz v. Fries gew. 1801.

25. Serenade für Flöte, Viol. u. Brat. Ddur. 1802.
S. op. 41.

26. Große Sonate für Pfte.-Solo. Asdur. Dem Fürsten
Lichnowsky gew. 1801. 1802.

27. Zwei Sonaten (quasi una fantasia) für Pfte.-Solo.
No. 1. Esdur. Gew. der Fürstin Lichtenstein. 1801.
1809. 2. Cismoll (unter dem Namen „Mond-
scheinsonate" bekannt). Gewidm. der Gräfin Julie
Guicciardi. 1809.

28. Große Sonate für Pfte.-Solo. Ddur. Gew. Joseph
Edlem von Sonnenfels. 1801. 1802.

29. Quintett für 2 Viol., 2 Brat. u. Bcell. Cdur. Dem
Grafen v. Fries gew. 1801. 1802. (Kat. Artaria:
3 Son. Gdur, Dmoll, Esdur.) S. op. 31.

30. Drei Sonaten für Pfte. u. Viol. No. 1. Adur.. 2.
Cmoll. 3. Gdur. Dem Kaiser von Rußland Alexan-
der I. gew. 1802. 1803.

31. Drei Sonaten für Pfte.-Solo. No. 1. Gdur, 2. Dmoll,
3. Esdur. 1802. 1804. (steht im Kat. Artaria offen).

32. Sechs geistliche Lieder von Gellert für 1 Singstimme
mit Pftebegl. No. 1. Bitten. „Gott beine Güte
reicht so weit." Edur. Nr. 2. Die Liebe des Näch-
sten. „So Jemand spricht: ich liebe Gott!" Esdur.
Nr. 3. Vom Tode. „Meine Lebenszeit verstreicht."
Fismoll. No. 4. Die Ehre Gottes aus der Natur.
„Die Himmel rühmen des Ewigen Ehre." Cdur.
No. 5. Gottes Macht und Vorsehung. „Gott ist
mein Lied." Cdur. No. 6. Bußlied. „An bir
allein hab' ich gesündigt." Amoll, Allegro in Adur.
Gew. dem Grafen Browne. Veröffentlicht 1804.
(Im Kat. v. Artaria als op. 48 bez.)

32* An die Hoffnung. Text von Tiedge (Urania) für
1 Singstimme mit Pftebegl. „Die du so gern in
heil'gen Nächten." Esdur. 1805.

Opus

33. Sieben Bagatellen für Pfte.-Solo. No. 1. Esdur, 2. Cdur, 3. Fdur, 4. Adur, 5. Cdur, 6. Ddur, 7 Asdur. 1782. 1803.

34. Sechs Variationen über ein Originalthema für Pfte.- Solo. Fdur. Der Fürstin Obeschalchi gewidmet. 1802. 1803.

35. Funfzehn Variationen mit einer Fuge über ein Thema aus „Prometheus" für Pfte.-Solo. Esdur. Dem Grafen Moritz v. Lichnowsky gew. 1802. 1803.

36. 2te Sinfonie für Orchester. Ddur. Dem Fürsten Lichnowsky gew. 1802. 1804.

37. 3tes Concert für Pfte. mit Orchesterbegl. Cmoll. Gew. dem Prinzen Louis Ferdinand von Preußen. 1800. 1804.

38. Großes Trio für Pfte., Clar. (ob. Viol.) und Vcell. Esdur. Dem Prof. J. A. Schmidt gew. 1805. S. op. 20.

39. 2 Präludien durch alle 12 Durtonarten für Pfte.- Solo ob. Orgel. 1789. 1803.

40. Romanze für Viol. mit Orchesterbegl. Gdur. 1802. 1803.

41. Serenade für Pfte. u. Flöte oder Viol. Ddur. Comp. und veröffentl. 1803. S. op. 25.

42. Nocturno für Pfte. u. Brat. Ddur. 1804. S. op. 8.

43. Die Geschöpfe des Prometheus. Ballet von Vigano, für Orchester. Ouvertüre und 14 Nummern.

44. Vierzehn Variationen über ein Originalthema für Pfte., Viol. u. Vcell. Esdur. 1802. 1804.

45. Drei große Märsche für Pfte. zu 4 Händen. No. 1. Cdur, 2. Esdur, 3. Ddur. Der Fürstin Esterhazy gew. 1802. 1804.

46. An Adelaide, Text von Matthisson: „Einsam wandelt dein Freund" für eine Singstimme mit Pftebegl. Bdur. Gew. Matthisson. 1797.

47. Sonate für Pfte. u. Viol., scritta in uno Stilo molto concertante, quasi come d'un Concerto. Adur.

Opus'

Dem Violinisten R. Kreutzer gew. 1803. 1805.

48. Scene und Arie: „Ah! perfido sperijuro" (Ha! Treu-
loser) für eine Sopranstimme mit Orchesterbegl.
Esdur. Der Gräfin Clari gew. 1796. 1810.
(Katal. Artaria op. 65.)

49. Zwei leichte Sonaten für Pfte.-Solo. No. 1. Gmoll,
2. Gdur. 1802. 1805.

50. Romanze für Prinzipal-Violine mit Begl. von 2 Viol.,
Brat., Baß, Flöte, 2 Hoboen, 2 Hörnern und 2
Fagotten. Fdur. 1802. 1805.

51. Zwei Rondos für Pfte.-Solo. No. 1. Cdur, 2. Gdur.
Gew. der Gräfin Henriette v. Lichnowsky. 1798.
(Nach dem Katal. von Artaria: Sextuor für 2 Clar.,
2 Hörner, 2 Bassons. Fdur.)

52. Acht Lieder und Gesänge für 1 Singstimme mit Pftebegl.
No. 1. Urians Reise. No. 2. Feuerfarb. No. 3.
Das Liebchen von der Ruhe. No. 4. Mai-Gesang.
Nr. 5. Molly's Abschied. No. 6. Ohne Liebe.
No. 7. Marmotte. No. 8. Blümchen Wunderhold.
Zum Theil aus der Bonner Zeit herrührend. Die
Ausgabe von Peters in Leipzig enthält noch: No. 9.
Der Abschied. No. 10. Trinklied. No. 11. An die
Hoffnung. No. 12. Zärtliche Liebe. 1805.

53. Große Sonate für Pfte.-Solo. Cdur. Dem Grafen
Waldstein gew. 1803. 1805.

54. Sonate für Pfte.-Solo. Fdur. 1803. 1806.

55. 3te Sinfonie (eroica) für 2 Viol., Brat., 2 Flöten,
2 Hoboen, 2 Clar., 2 Fagotten, 3 Hörner, 2 Trom-
peten, Pauke, Bass u. Vcell. Esdur. Dem Fürsten v. Lobkowitz gew. Comp. 1802—4. Veröffentlicht 1805.

56. Triple-Concert für Pfte., Viol., Vcell. u. Orchesterbegl.
Cdur. Gew. dem Fürsten v. Lobkowitz. 1804. 1807.

57. Große Sonate („Sonata appassionata") für Pfte.-
Solo. Fmoll. Dem Grafen Brunswick gewidm.
1804. 1807.

Opus
58. 4 tes Concert für Pfte. mit Orcheſterbegl. Gdur. Dem
Erzherzog Rudolf gew. 1806. 1808.
59. Drei Quartette für 2 Viol., Brat. u. Vcell. No. 1.
Fdur, 2. Emoll, 3. Cdur. Dem Fürſten Raſu=
mowsky gew. 1806. 1808.
60. 4 te Sinfonie für 2 Viol., Brat., Vcell, Bass, 1 Flöte,
2 Hoboen, 2 Clar., 2 Hörner, 2 Fagott., 2 Trom-
peten und Pauken. Bdur. Gew. dem Grafen von
Oppersdorf. 1806. 1808.
61. Concert für Viol., mit Orcheſter. Ddur. Gew. Stephan v. Breuning. 1806. 1809.
62. Ouvertüre zu Collin's Trauerſpiel „Koriolan" für
Orcheſter. Cmoll. Dem Dichter Heinrich Joſeph
v. Collin gew. 1807. 1808.
63. Große Sonate für Pfte., Viol. u. Vcell. Esdur. Ver=
öffentlicht 1807.
Nach dem Quintett op. 4., ſ. auch op. 103.
64. Große Sonate für Pfte., Viol. u. Vcell. Esdur. 1806.
S. op. 3.
65. Scene u. Arie: „Ah! perfido!" für 1 Sopranſtimme
mit Orcheſterbegl. Esdur. Gew. der Gräfin Clari.
1796. 1810.
66. Zwölf Variationen für Pfte. u. Vcell. ob. Viol. über
das Thema „ein Mädchen oder Weibchen" aus Mo=
zart's Zauberflöte. Esdur. 1798.
67. 5 te Sinfonie für Orchester. Cmoll. Gew. dem Fürsten Joseph v. Lobkowitz und dem Grafen Rasumowsky. 1807. 1809.
68. 6 te Sinfonie für Orchester („Pastoral-Sinfonie").
Fdur. Gew. dem Fürsten Lobkowitz und Grafen
Rasumowsky. 1808. 1809.
69. Große Sonate für Pfte. u. Vcell. ob. Viol. Adur.
Gew. dem Baron v. Gleichenſtein. 1809.
70. Zwei Trios für Pfte., Viol. und Vcell. No. 1. Ddur,
2. Esdur. Der Gräfin Marie von Erdödy gew.
1808. 1809.

Opus
71. Sextett für 2 Clar., 2 Hörner u. 2 Fagotts. Esdur.
1794. 1805.

72. Fidelio (Leonore), dram. Oper in 2 Akten. Ouver=
türe u. 16 Nummern. Text von Joseph Sonnleit=
ner. Comp. u. veröffentl. 1804—14.
Ouvertüre No. 1. Cdur. S. op. 138.
Ouvertüre No. 2. Cdur. 1805.
Ouvertüre No. 3. Cdur. 1806.
Umarbeitung der No. 2.
Ouvertüre No. 4. Edur. 1814.
III. Bearbeitung. Act I. No. 1. Duett „Jetzt
Schätzchen, jetzt sind wir allein" Adur. 2. Arie
„O wär' ich schon mit Dir vereint" Cmoll. 3.
Quartett „Mir ist so wunderbar" Gdur. 4. Arie
„Hat man nicht auch Gold" Bdur. 5. Terzett
„Gut, Söhnchen, gut" Fdur. 6. Marsch. Bdur.
7. Arie mit Chor „Ha! ha! welch' ein Augenblick!"
Fdur, nachher Ddur. 8. Duett „Jetzt Alter, Alter,
jetzt hat es Eile" Adur. 9. Recitativ „Abscheuli=
cher, wo eilst Du hin" Bdur, und Arie „Komm,
Hoffnung, laß den letzten Stern" Edur. 10. Fi=
nale, Chor „O welche Lust" Bdur. Recitativ „Nun
sprecht wie ging's" Gdur. Chor der Gefangenen
„Leb wohl du warmes Sonnenlicht" Bdur. 11. In=
troduction, Recitativ „Gott! welch' Dunkel hier"
Fmoll, und Arie „In des Lebens Frühlingstagen"
Asdur. 12. Melodrama: „Wie kalt ist es in diesem
unterirdischen Gewölbe" Cdur, und Duett „Nur
hurtig fort, nur frisch gegraben" Amoll. 13. Ter=
zett „Euch werde Lohn" Adur. 14. Quartett „Er
sterbe" Ddur. 15. Duett „O namenlose Freude"
Gdur. 16. Finale, Chor „Heil sei dem Tag!"
Cdur. Sostenuto assai (Leonore) und „O Gott"
Fdur. Allegro (Chor) „Wer ein holdes Weib er=
rungen" Cdur.

(Da die Oper nur noch nach dieser dritten Bearbeitung

Opus	
	aufgeführt wird, so ist auch nur der Inhalt der letzteren hier specificirt.)
73.	5tes Concert für Pfte. u. Orchester. Esdur. Dem Erzherzog Rudolph gew. 1809. 1812.
74.	10tes Quartett (das sogenannte „Harfenquartett") für 2 Viol., Brat. und Pcell. Esdur. Dem Fürsten v. Lobkowitz gew. 1809. 1810.
75.	Sechs Gesänge von Göthe und Reissig für 1 Singstimme mit Pftebegl. Text von Göthe. No. 1–4. No. 1. Das glückliche Land. No. 2. Neue Liebe, neues Leben. No. 3. Aus Göthe's Faust: „Es war einmal ein König." No. 4. Gretel's Warnung. Nr. 5. u. 6. Text von C. L. Reissig. No. 5. An den fernen Geliebten. No. 6. Der Zufriedene. Der Fürstin v. Kinsky gew. 1810.
76.	Sechs Variationen über ein russisches Thema für Pfte.-Solo. Ddur. Seinem Freunde Oliva gewidmet. 1810. 1811.
77.	Fantasie für Pfte.-Solo. Gmoll. Dem Grafen von Brunswick gew. 1809. 1810.
78.	Sonate für Pfte.-Solo. Fisdur. Der Gräfin von Brunswick gew. 1809. 1810.
79.	Sonatine für Pfte.-Solo. Gdur. 1810.
80.	Fantasie für Pfte. u. Orchester mit Chören. Cmoll. Dem Könige Maximilian Joseph von Bayern gew. 1808. 1811.
81a.	Sextett für 2 Viol., Brat., Vcell. und 2 oblig. Hörner. Esdur. 1810. (Im Katal. Artaria nicht als op. bezeichnet.)
81b.	Sonate caracteristique. Les adieux — l'absence — le retour, für Pfte.-Solo. Esdur. Dem Erzherzog Rudolph gew. 1809. 1811.
82.	Vier Arietten für 1 Singstimme und 1 Duett für 2 Singstimmen mit Pftebegl. (ital. u. deutsch. Text.) No. 1. Hoffnung. No. 2. Liebesklage. No. 3. Stille Frage. No. 4. Liebesungeduld. No. 5. Duett. Lebensgenuß. 1811.

Opus

83. 3 Gesänge von Göthe für 1 Singstimme mit Pftebegl.
Der Fürstin v. Kinsky gew. No. 1. Wonne der
Wehmuth. 2. Sehnsucht. 3. Mit einem gemalten
Bande: „Kleine Blumen, kleine Blätter." Fdur.
1810—1811.

84. Ouvertüre, Gesänge und Zwischenakte (9 Nummern)
zu Göthe's Egmont, für Orchester. Ouvertüre in
Fmoll. 1810. 1811.

85. Christus am Oelberge. Oratorium mit Instrumental-
begleit. Text von Franz Xaver Huber. (6 Num-
mern.) Nr. 1. Introduction Esmoll. Recitativ
„Jehovah, du mein Vater" Edur, und Arie „Meine
Seele ist erschüttert" Esdur. No. 2. Recitat. „Erzittre,
Erde, Jehovah's Sohn" Adur. Arie „Preist des
Erlösers Güte" Gdur, und Chor der Engel „O,
Heil Euch, ihr Erlösten" Gdur. No. 3. Recitativ
„Verkündet, Seraph, mir dein Mund" Cdur, und
Duett „So ruhe denn mit ganzer Schwere" Asdur.
No. 4. Recitativ „Willkommen, Tod, den ich am
Kreuze" Fdur, und Chor der Krieger „Wir haben
ihn gesehen" Cdur. No. 5. Recitativ „Die mich
zu fangen ausgezogen" Cdur, und Chor der Krie-
ger und Jünger „Hier ist er" Ddur. No. 6. Re-
citativ „Nicht ungestraft soll der Verwegnen Schaar"
Cdur. Terzett „In meinen Adern wühlen" Bdur.
Chor der Krieger und Jünger „Auf, auf, ergreifet
den Verräther" Bdur, und Chor der Engel „Welten singen Dank und Ehre" Cdur. 1800. 1811.

86. Messe (3 Hymnen) für 4 Singstimmen mit Orchesterbegleitung. Cdur. I. Hymnus. Andante con
moto ²/₄. „Kyrie" („Tief im Staub") Cdur. Allegro ⁴/₄. „Gloria" („Preis sei Dir"). Andante
mosso ³/₄. „Qui tollis peccata" („oft wenn in der
Nacht") Fmoll. Allegro ma non troppo ¹/₄. „Quoniam tu solus" („Vereint von allen Zungen") Cdur.
II. Hymnus. Allegro con brio ²/₄. „Credo"

Opus

("**Ahnend**") Cdur. Adagio ⁴/₄. „Et incarnatus est"
(„und schon entfesselt") Esdur. Allegro ⁴/₄. „Et re-
surexit" („dennoch erkoren") Cdur. Vivace ⁴/₄. „Et
vitam venturi" („bis laut zur Mitverherrlichung")
Cdur. III. Hymnus. Adagio ⁴/₄. „Sanctus"
(„Heilig") Adur. Allegro ⁴/₄. „Pleni sunt coeli"
(voll Deines Ruhmes) Cdur. Allegretto ²/₄. „Benedictus, qui venit" („o wie selig") Edur. Allegro
⁴/₄. „Osanna in excelsis" („Dir jauchzen Tief und
Höhen") Adur. Poco andante ¹²/₈. „Agnus Dei"
(„Geist der Liebe") Cmoll. Allegro ma non troppo
⁴/₄. „Dona nobis pacem" („Reig uns mild") Amoll.
Gew. dem Fürsten Esterhazy. Comp. 1807. 1813.

87a. Variationen über ein Thema des Grafen v. Waldstein
für Pfte., zu 4 Händen. Cdur. Dem Grafen von
Waldstein gew. 1794. 1801.

87b. Trio für 2 Oboen und 2 engl. Hörn. Cdur. 1794.
1806. (Im Katal. Artaria als No. 29 bezeichnet.

88. Lebensglück. Lied für 1 Singstimme mit Pftebegl.
„Der lebt ein Leben wonniglich." Adur. 1803.

89. Polonaise für Pfte.=Solo. Cdur. Der Kaiserin von
Rußland Elisabetha Alexiewna gew. 1814. 1815.

90. Sonate für Pfte.=Solo. Emoll. Dem Grafen Moritz
v. Lichnowsky gew. 1814. 1815.

91. Wellington's Sieg, oder die Schlacht bei Vittoria, für
Orchester. I. Abtheilung Schlacht. Marcia: Rule
Britannia ⁴/₄. Esdur. Marcia: Marlborough ⁶/₈.
Cdur. Schlacht Hdur, Esdur, Cdur. Sturmmarsch
Asdur. II. Abtheilung Siegessinfonie. Dem Prinz
Regenten, nachherigen Könige Georg IV. von Eng-
land gew. 1813. 1816.

92. 7te Sinfonie für Orchester. Adur. Dem Grafen
von Fries gew. 1812. 1816.

93. 8te Sinfonie für Orchester. Fdur. 1812. 1816.

94. An die Hoffnung. Lied für 1 Singstimme mit Pfte.=
begleitung. Text aus Tiedge's Urania. Gew. der
Fürstin v. Kinsky. 1810. 1816.

Opus

95. 11tes Quartett für 2 Viol., Brat. und Vcell. Fmoll.
Gew. dem Hofsecretair Zmeskall von Domanovez.
1810. 1816.

96. Sonate für Pfte. und Viol., Gdur. Dem Erzherzog
Rudolph gew. 1810. 1814.

97. Großes Trio für Pfte., Viol. und Vcell. Bdur. Dem
Erzherzog Rudolph gew. 1811. 1816.

98. „An die ferne Geliebte." Ein Liederkreis von Jeitte-
les, für 1 Singstimme mit Pftebegl. No. 1. „Auf
dem Hügel sitz ich spähend." 2. „Wo die Berge
so blau." 3. „Leichte Segler in den Höhen." 4.
„Diese Wolken in den Höhen." 5. „Es kehret der
Maien." 6. „Nimm sie hin denn diese Lieder."
Dem Fürsten von Lobkowitz gew. 1816.

99. Der Mann von Wort. Gedicht von F. A. Klein-
schmidt für 1 Singstimme mit Pftebegleit. Gdur.
1815.

100. Merkenstein. Text von J. P. Rupprecht für 1 oder
2 Singstimmen mit Pftebegl. Fdur. 1814. 1815.

101. Sonate für Pfte.-Solo. Adur. Der Baronin Erb-
mann gew. 1815. 1817.

102. 2 Sonaten für Pfte. und Vcell. ob. Viol. No. 1.
Cdur. 2. Ddur. Gew. der Gräfin M. Erdödy.
1815. 1818.

103. Oktett für 2 Hoboen, 2 Clarinetten, 2 Hörner und 2
Fagott. Esdur. Aus der Bonner Zeit. Veröffentlicht nach Beethoven's Tode. S. op. 63.

104. Quintett für 2 Viol., 2 Brat. u. Vcell. Cmoll. 1819.
Von Beethoven nach op. 1. No. 3. selbst arrangirt.

105. Sechs variirte Themen für das Pfte.-Solo oder mit
Flöte ob. Viol. ad libitum. 2 Hefte. 1819.

106. Große Sonate für das Pfte.-Solo. Bdur. Dem
Erzherzog Rudolph gew. 1816. 1819.

107. Zehn variirte Themen für das Pfte. allein oder mit
Begl. einer Flöte ob. Viol. 1818. 1821.

108. 25 schottische Lieder für 1 ob. 2 Singstimmen und

6

Opus

kleinen Chor mit Begl. des Pfte., der Viol. und des Vcell. Comp. 1815—25. Erschienen 1825. Beethoven war mit George Thomson in Edinburg wegen Herausgabe einer Sammlung Lieder verschiedener Nationen in Verbindung getreten. Thomson zog sich aber als Verleger zurück. Die Lieder, deren Anzahl sich im Ganzen auf 164 beläuft, erschienen größtentheils später mit deutscher Uebersetzung von G. Pertz, H. Hüffer, W. Krigar u. A. bei Breitkopf u. Härtel. S. Abth. III. B.

109. Sonate für Pfte.-Solo. Edur. Gew. dem Fräulein M. Brentano. 1821—22.

110. Sonate für Pfte.-Solo. Asdur. 1821. 1822.

111. Sonate für Pfte.-Solo. Cmoll. Gew. dem Erzherzog Rudolph. 1822. 1823.
Die letzte der 32 Claviersonaten.

112. Meeresstille und glückliche Fahrt. Gedicht von Göthe. Cantate für 4 Singstimmen mit Orchesterbegleitung. Meeresstille: „Tiefe Stille herrscht im Wasser." Glückliche Fahrt: „Die Nebel zerreißen, der Himmel ist helle." Ddur. Gew. Göthe. 1815. 1822.

113. Vier deutsche Lieder für 1 Singstimme mit Pftebegl. No. 1. Abendlied unterm gestirnten Himmel. No. 2. Das Geheimniß, von Wessenberg. No. 3. Resignation. No. 4. Nord oder Süd, wenn nur im warmen Busen." Fdur.

113* Ouvertüre zu den „Ruinen von Athen" für Orchester. Bdur. Gew. von den Verlegern (Artaria u. Co. in Wien) dem Könige Friedrich Wilhelm IV. von Preußen. 1812. 1823.

114. Märsche und Chöre zu dem dramatischen Fest- (Nach-) Spiel „die Ruinen von Athen" von Kotzebue. Mit

---

*) Der Katalog von Breitkopf u. Härtel so wie der von Artaria bezeichnen die Ouvertüre als op. 113; sie gehört aber ohne Zweifel zu op. 114.

Opus

Chören, Gesängen und Orchesterbegl. (8 Nummern.)
1812. 1823.

115. Große Ouvertüre „Namensfeier" für Orchester. Cdur.
Gew. dem Fürsten Rabziwill. 1814. Erschien erst
nach Beethoven's Tode.

116. Terzett: „Tremate, empi, tremate!" für Sopran, Tenor u. Baß mit Orchesterbegl. 1801. 1814.

117. Ouvertüre, Märsche und Chöre zu dem Fest= (Vor=)
Spiel „König Stephan" von Kotzebue, für Chor und
Orchester. (6 Nummern.) 1812. 1828.

118. Elegischer Gesang für 4 Singstimmen mit Begl. von
2 Viol., Brat. und Vcell., oder des Pfte., „sanft,
wie du lebtest, hast du vollendet." Esdur. Gew.
dem Freiherrn Pasqualati. 1814. 1827.

119. Zwölf neue Bagatellen für Pfte.=Solo. No. 1. Gmoll,
2. Cdur, 3. Ddur, 4. Adur, 5. Cmoll, 6. Gdur,
7. Cdur, 8. Cdur, 9. Amoll, 10. Adur, 11. Bdur,
12. Gdur. 1820. 1824.
Kommt bei Artaria auch mit der Opus=Zahl 112 vor.

120. Drei und dreißig Variationen über einen Walzer von
Diabelli für Pfte.=Solo. Cdur. Gew. der Mad.
Brentano geb. v. Birckenstock. 1823.

121a Opferlied von Matthisson, für 1 Singstimme mit Chor
und Orchesterbegleitung, „die Flamme lodert!"
Edur. 1822. 1825.

121b Adagio, Variationen u. Rondo für Pfte., Viol. und
Vcell. über „ich bin der Schneider Kakadu", Thema
aus den Schwestern v. Prag, v. Müller. Gdur.
Aus dem Nachlasse. Im Katal. Artaria nur als
No. 121 bez.

122. Bundeslied, von Göthe: „in allen guten Stunden"
für 2 Solo= und 3 Chorstimmen mit Begl. von 2
Clar., 2 Hörn. u. 2 Fagotten. Bdur. 1822. 1825.

123. Missa solemnis für 4 Solostimmen, Chor u. Orchester, mit beigefügter Orgelbegl. (25 Numm.) Ddur.
I. Kyrie. No. 1. Kyrie I. 2. Christe. 3. Ky-

6*

— 84 —

Opus

ric II. 11. Gloria. No. 4. Gloria I. 5. Gratias. 6. Domine Deus. 7. Qui tollis. 8. Quoniam. 9. Cum Sancto Spiritu. 19. Gloria II. III. Credo. No. 11. Credo. 12. Et incarnatus. 13. Crucifixus. 14. Et resurrexit. 15. Et ascendit. 16. Credo in spiritum. 17. Et vitam venturi. IV. Sanctus. No. 18. Sanctus. 19. Pleni. 20. Osanna I. 21. Praeludium. 22. Benedictus. 23. Osanna II. V. Agnus Dei. No. 24. Agnus Dei. 25. Dona. Orchesterfatz. Gew. bem Erzher zog Rubolph. Componirt 1818—22. Veröffentlicht 1826.

124. Ouvertüre: „Weihe des Hauses", für Orchester. Cdur. Dem Fürsten Nicolaus v. Galißin gew. 1822. 1825.

125. 9te Sinfonie für grosses Orchester, 4 Solo- und 4 Chorstimmen mit Schlusschor über Schiller's Ode an die Freude. Dmoll. Dem König Friedrich Wilhelm III. von Preussen gew. Comp. 1822—23. Veröffentl. 1825.

126. Sechs Bagatellen für Pfte.-Solo. No. 1. Gdur, 2. Gmoll, 3. Esdur, 4. Ddur, Hdur, 5. Gdur, 6. Esdur. 1821. 1825.

127. 12tes Quartett für 2 Viol., Brat. u. Vcell. Esdur. Gew. bem Fürsten Nicolaus v. Galißin. 1822—24. 1826.

128. Der Kuß, Ariette für 1 Singstimme mit Pftebegl. Text von C. F. Weiße: „ich war bei Chloe ganz allein." Adur. 1822. 1825.

129. Rondo Capriccio für Pfte. -Solo. Gdur. Aus dem Nachlaſſe.

130. 13tes Quartett für 2 Viol., Brat. u. Vcell. Bdur. Dem Fürsten Nicolans v. Galißin gew. 1824—25. 1826.

131. 14tes Quartett für 2 Viol., Brat. u. Vcell. Cismoll. Gew. bem Baron v. Stutterheim. 1824—26. 1827.

132. 15tes Quartett für 2 Viol., Brat. u. Vcell. Amoll.

Opus

Dem Fürsten Nicolaus v. Galitzin gew. 1824—25. 1827.

133. Große Quartettfuge tantôt libre, tantôt recherché für 2 Viol., 1 Brat. u. Vcell. Bdur. Dem Erzherzog Rudolph gew. 1825. 1830.

134. Große Fuge: tantôt libre, tantôt recherché, nach op. 133 vom Componisten für Pfte. à 4ms. Bdur. Comp. 1825.

135. 16tes (letztes) Quartett für 2 Viol., Brat. u. Vcell. Herrn Johann Wolffmeier gew. 1826. 1827.

136. Der glorreiche Augenblick, Cantate für 4 Singstimmen u. Orchester. 6 Nummern, Text von Dr. Aloys Weißenbach. Gew. dem Kaiser von Oesterreich Franz I, dem Kaiser von Rußland Nicolaus I. und dem König von Preußen Friedrich Wilhelm III. Comp. 1814, erschienen erst nach Beethoven's Tode bei Haslinger in Wien unter dem Titel: „Preis der Tonkunst" und mit verändertem Text von Rochlitz.

137. Fuge für 2 Viol., 2 Brat. u. Vcell. Ddur. 1817. 1827.

138. 1ste Ouvertüre zur Oper Leonore (Fidelio) für Orchester. Cdur. Comp. 1805. Aus dem Nachlasse.

II. Abtheilung.

Compositionen,

welche von Beethoven nur mit einfachen „Nummern" versehen sind.

No.

1. Zwölf Variationen für Pfte. u. Viol. über: „Se vuol ballare", aus Mozart's Figaro. Fdur. Gewidm. Eleonore v. Breuning. 1793.

1. Dreizehn Variationen für Pfte.-Solo über ein Thema aus der Oper: das Rothkäppchen, von Dittersdorff: „Es war einmal ein alter Mann." Adur. 1794. 1800.

1. Rondo für Pfte.-Solo. Cdur. 1798.

2. Neun Variationen für Pfte.-Solo über ein Thema aus der Oper: „die Müllerin", von Paisiello. Adur. Gew. dem Fürsten Lichnowsky. 1796. 1797.

2. Rondo für Pfte. u. Viol. Andante cantabile. Gdur. 1800.

3. Sechs Variationen für Pfte.-Solo über: „Mich fliehen alle Freuden" aus d. Op.: die Müllerin, von Paisiello. Gdur. 1795. 1795.

3. Zwölf Variationen für Pfte.-Solo, Themata: Menuet à la Vigano. Cdur. 1795. 1796.

4. Zwölf Variationen für Pfte.-Solo. Thema aus dem Ballet: „das Waldmädchen." Adur. Der Gräfin v. Browne gew. 1794. 1796.

No.

5. Zwölf Variationen für Pfte. und Viol. oder Vcell., Thema: der Marsch aus Händel's „Judas Maccabäus". Gdur. Der Fürstin Lichnowsky gew. 1804.

6. Zwölf Variationen für Pfte. und Viol. oder Vcell., Thema: „ein Mädchen oder Weibchen" aus Mozarts Zauberflöte. Esdur. 1798. S. op. 66.

7. Acht Variat. für Pfte.-Solo, Thema: „Mich brennt ein heißes Fieber" aus „Richard Löwenherz", von Gretry. Cdur. 1798.

8. Zehn Variat. für Pfte.-Solo, Thema: „la stessa" aus der Oper „Falstaff" von Salieri. Bdur. Der Fürstin Reglievics gew. 1799. 1799.

9. Sieben Variat. für Pfte.-Solo über: „Kind willst du ruhig schlafen" aus der Oper „das unterbrochene Opferfest" von Winter. Fdur. 1799.

10. Acht Variat. für Pfte.-Solo über „Tändeln und scherzen" aus der Oper „Soliman II." von Sißmayer. Fdur. 1799.

10. Sieben Variationen für Pfte. u. Viol. ob. Vcell. über: „Bei Männern, welche Liebe fühlen" aus Mozarts Zauberflöte. Esdur. Gew. dem Grafen Browne. 1801. 1802.

11. Sechs (sehr leichte) Variationen über ein Original-Thema für Pfte.-Solo. Gdur. 1801.

11. Dreizehn Variat. für Pfte. über: „Es war einmal ein alter Mann" von ?—. Adur.

12. Sechs leichte Variat. für Pfte.-Solo, ob. Harfe, Thema: Air Suisse. Fdur. 1799.
Die einzige Beethoven'sche Comp. für Harfe.

13. Vierundzwanzig Variationen f. Pfte.-Solo, Thema: „Vienne amore" von Righini. Ddur. Der Gräfin Haßfeld gew. 1790. 1791.

14-15 Fehlen.

16. Quartett f. Pfte., Viol., Brat. u. Vcell., von Beethoven nach op. 16. arr. Esdur.

17-23 Fehlen.

No.	
24.	Der Wachtelschlag. Lied f. 1 Singstimme mit Pfte.=begleitung. Fdur. 1804. S. auch Abth. IV. U.
25.	Sieben Variat. f. Pfte.=Solo, Thema: „God save the king." Cdur. 1804.
26.	Fünf Variat. f. Pfte.=Solo, Thema: „Rule Brittannia". Ddur. 1804.
27.	Sechs Variat. über das Lied: „Ich denke Dein" für Pfte. zu 4 Händen. Ddur. 1800. 1805.
27.	Andante mit Variat. f. Pfte. mit oblig. Viol. Fdur. l. Katal. v. Artaria.
28.	Menuet f. Pfte.=Solo. Esdur. 1805.
29.	Präludium f. Pfte.=Solo. Fmoll. 1805.
30-31	Fehlen.
32.	An die Hoffnung. Lied f. 1 Singstimme mit Pfte.=begleitung. Text von Tiedge. Esdur. 1805. S. op. 32.
33-34	Fehlen.
35.	Andante favori f. Pfte.=Solo mit einer Fuge, (auch f. 2 Viol., Alt u. Vcell.) Fdur. 1803. 1806.
36.	Zweiunddreißig Variationen über ein Originalthema f. Pfte.=Solo. Cmoll. 1807.
37.	Fehlt.
38.	Die Sehnsucht. Lied f. 1 Singstimme mit Pftebegl. Text von Göthe. Mit 4 Melodien, 3 in Gmoll, 1 in Esdur. 1810.

III. Abtheilung.

Werke,
die in keiner Weise bezeichnet sind.

A. Instrumental-Compositionen.

Neun Variationen über einen Marsch von Dreßler f. Pfte.-
Solo. Erste Composition Beethoven's in seinem 10. Jahre.
1780. 1783.

Drei Sonaten f. Pfte.-Solo. Esdur, Fmoll, Ddur. Gew.
dem Kurfürsten Maximilian Friedrich. 1783.

Leichte Sonate f. Pfte.-Solo. Cdur. Gew. Leonore von
Breuning. Comp. aus frühester Zeit. Das Adagio Fdur
ist von F. Ries beendet. Aus dem Nachlasse.

Rondo f. Pfte. mit Orchesterbegl. Bdur. Comp. aus frühester Zeit. Dieses Rondo fand sich unvollendet unter
Beethoven's Nachlasse, Carl Czerny hat den Schluß dazu
gesetzt und die Begleitung ergänzt.

Rondo f. Pfte. u. Viol. Gdur. Aus frühester Zeit. Veröffentlicht 1808.

Drei Duos f. Clar. u. Fagott. No. 1. Cdur, 2. Fdur, 3.
Bdur. Veröffentl. 1800. Zählt zu den Erstlingen aus Bonn.

Zwei leichte Sonatinen f. Pfte.-Solo. No. 1. Gdur, 2.
Fdur. Aus der Bonner Zeit. Veröffentlicht nach Beethoven's Tode.

Zwei Trio f. Pfte., Viol. u. Vcell. No. 1. Bdur, 2. Es-
dur. Comp. 1786. A. d. Nachlaß.
Rondino f. 2 Hoboen, 2 Clar., 2 Hörn. u. 2 Fag. Esdur.
Comp. 1794. (?) A. d. Nachlaß.
Drei Quartette f. Pfte., Viol., Brat. u. Vcell. No. 1. Es-
dur, 2. Ddur, 3. Cdur. Comp. 1796. A. d. Nachlaß.
Acht Variationen über ein Thema: „ich hab' ein kleines
Hüttchen nur." Bdur. 1797.
Zwölf Menuetten f. Orchester oder 2 Viol. u. Baß. 1795. 1802.
Sechs Menuetten f. Pfte.-Solo.
Zwölf deutsche Tänze f. 2 Viol. u. Baß. 1795. 1796.
Zwölf Walzer mit Trio f. Orchester (auch f. 2 Viol u. Baß.)
1808.
Allegretto f. Orchester. Esdur. Herrn Carl Holz gewidm.
Comp. 1822. Veröffentl. nach Beethoven's Tode.
Sechs Allemanden f. Pfte. u. Viol. 1814.
Sechs Contratänze f. Pfte.-Solo (auch f. 2 Viol. u. Baß.)
1804.
Ecossaise f. Pfte.-Solo. Esdur. 1825.
Zwölf Ecossaisen f. 2 Viol. u. Baß (2 Flöten, 2 Hörner,
ad libitum). 1807.
Equali, 2 Sätze f. 4 Posaunen, geschrieben f. Thürmer.
Cmoll. Asdur. Comp. 1812.
Menuetto cavato per il Piano. Esdur. 1805. S. op. 20.
Militairmarsch f. Pfte.-Solo. Ddur. A. d. Nachlaß.
Militairmarsch f. Pfte. zu 4 Händen. Ddur. A. d. Nachlaß.
Pensée musicale, dernière, do Beethoven, pour piano seul.
Bdur. Comp. 1818. Beilage zur Berliner allgem. musikal.
Zeitung v. 8. Dezbr. 1824.
Rondo f. Pfte.-Solo. Adur. In der „Speyer'schen Blu-
menlese" I. Theil. pag. 18—19.
Schmerzens- und Hoffnungswalzer f. Pfte.-Solo. Emoll.
Esdur. Comp. 1816.
Sechs ländlerische Tänze f. Pfte.-Solo. 5 in Ddur, 1 in
Dmoll. 1802.
Kleines Trio f. Pfte., Viol. u. Vcell. in 1 Satze. Bdur.

Gew. dem Fräul. M. Brentano. Comp. 1812. Veröf=
fentlicht nach Beethoven's Tode. A. d. Nachlaß.
Triumphmarsch aus „König Stephan" f. Orchester. Gdur
—Hdur. 1812. 1828. S. op. 117.
Triumphmarsch aus dem Trauerspiel (von Kuffner) „Tar=
peja" für Orchester. Cdur. 1813.
Variationen f. Pfte. zu 4 Händen. Adur. Arrag. aus op.
30. No. 1.
Walzer f. Pfte.=Solo. Esdur. 1824.
Walzer f. Pfte.=Solo. Ddur. 1825.
Sechs Walzer mit Coda f. 2 Viol. und Baß. Veröffent=
licht 1802.

B. Gesangs-Compositionen.

Abschiedsgesang an Wien's Bürger. Text von Friedelberg:
„Keine Klage soll erschallen", f. 1 Singstimme mit Pfte.=
begleit. Gdur. Herrn v. Kövesdy gew. 1796. 1796.
Als „Trinklied" auch in op. 52 No. 10.
Drei Andanten f. 1 Singstimme mit Pftebegl. No. 1. Das
Glück der Freundschaft. 2. Der Verstoßene. 3. Der
Wunsch. Adur. 1804. Die Echtheit von No. 2 und 3
zweifelhaft.
Andenken: „ich denke dein, wenn durch den Hain" von
Matthisson, f. 1 Singstimme mit Pftebegl. Ddur. 1810.
An sie! „o du, nach der sich" f. 1 Singstimme mit Pfte.=
begleit. Asdur. A. d. Nachlaß. Die Echtheit zweifelhaft.
Ariette: „in questa tomba oscura", „In dieses Grabes
Dunkel" von Giuf. Carpani, f. 1 Singstimme mit Pfte.=
begleit. Asdur. 1808. 1808.
Elegie auf den Tod eines Pudels: „stirb immerhin, es
welken". Asdur.
Empfindungen bei Lydien's Untreue: „der Hoffnung letzter

Schimmer sinkt dahin". Esdur. 1806. 1809. Aus dem Nachlaß von St. v. Breuning.

„Es muß sein, ja, ja, ja, heraus mit dem Beutel." 1844.

„Gedenke mein, ich denke dein!" für 1 Singstimme m. Pfte begleit. Esdur. 1832. A. d. Nachlaß.

Sechs deutsche Gedichte, aus Reissig's Blümchen der Einsamkeit. Veröffentl. 1812. No. 1. Sehnsucht. No. 2. Krieger's Abschied. No. 3. Der Jüngling in der Fremde. No. 4. An den fernen Geliebten. No. 5. Der Zufriedene. No. 6. Der Liebende. S. op. 75.

Gesang der Mönche aus Schiller's Wilhelm Tell: „Rasch tritt der Tod" für 2 Tenöre und 1 Baßstimme. Cmoll. Gew. Alois Fuchs. 1817. 1817.

Gesang der Nachtigall: „Höre die Nachtigall singt", Text aus Sadi's „Rosenthal" von Herder, f. 1 Singstimme mit Pftebegl. Nicht veröffentl.

Drei Gesänge f. 1 Singstimme mit Pftebegl. No. 1. An die Geliebte, von J. L. Stoll. 1811. 1817. No. 2. Das Geheimniß, von Wessenberg. „Wo blüht das Blümchen." 1816. S. op. 113. No. 3. So oder so, von Carl Lappe. 1816. S. op. 113·

Zwölf italienische und deutsche Gesänge, f. 1 Singstimme mit Pftebegl.

Kanon „im Arm der Liebe ruht sich's wohl", f. 3 Singstimmen allein. Fdur. Comp. 1800?

Kanon auf Mälzel's Metronom: „Ta, ta, ta, ta" f. 4 Singstimmen allein. Bdur. Comp. 1812. Veröffentl. in Hirschbach's Repertorium 1844.

Kanon „ich bitt' dich", f. 3 Singstimmen allein. Esdur. Gew. Herrn Hauschka.

Kanon auf Abbé Stabler: „Signor Abbate, io sono", für 3 Singstimmen allein. Bdur. Abt Stabler gew.

Kanon „Ewig dein" f. 3 Singstimmen allein. Cdur. Gew. Baron Pasqualati. Beilage zur Leipziger allgem. Musik-Zeitung. 1863.

Kanon „alles Gute, alles Schöne seiner kaiserlichen Hoheit"
für 4 Singstimmen allein. Cdur. Dem Erzherzog Ru=
dolph gew. Comp. 1820.
Kanon: das Reden, „rede wenn's um einen Freund", f. 3
Singstimmen allein. Fdur. Charles Neate gew. Comp.
1816.
Kanon „Glück zum neuen Jahr!" f. Sopran, Alt, Tenor
u. Baß ohne Begl. Esdur. Der Gräfin Erdödy gew.
Comp. 1819.
Kanon „edel sei der Mensch", Text aus dem Gedicht: das
Göttliche, von Göthe, f. 6 Singstimmen. Edur. Comp.
1823. Beilage zur Wiener Moden-Zeitung 1823.
Kanon auf einen, welcher Hoffmann geheißen: „Hoffmann,
sei ja kein Hofmann." Cdur. E. T. A. Hoffmann
gewidmet. Componirt 1820. Veröffentl. in der Cäcilia
1825.
Kanon auf einen, welcher Schwencke geheißen: „Schwenke
dich ohne Schwänke." Fdur. Schwencke gew. 1824.
Veröffentl. in der Cäcilia 1825.
Kanon „Doctor, sperrt das Thor dem Tod." Cdur. Gew.
Dr. Braunhofer. Comp. 1825. Beilage zum Wiener
Telegraph, 1838.
Kanon „Bester Herr Graf, Sie sind ein Schaf." Fdur.
Comp. 1825. Veröffentl. als Beilage in Hirschbach's Re=
pertorium 1844.
Kanon „kühl nicht lau." Bdur. Herrn Kuhlau gew. Comp.
1825. Veröffentl. in den Beethoven=Studien, herausg.
von Seyfried. Anhang 26.
Kanon „kurz ist der Schmerz", Text aus Schiller's Jung=
frau von Orleans, f. 3 Singstimmen allein. Fdur. Spohr
gew. Comp. 1815. Veröffentl. als Beilage in Spohr's
Selbstbiographie.
Kanon „o Tobias!" f. 3 Singstimmen. Fdur. Gew. To=
bias Haslinger. Comp. 1821. Beilage der Leipz. allg.
Musikztg. N. F. 1863.
Kanon „si non per portas per muras". Fdur. Gewidm.

M. Schlesinger. Comp. 1825. Veröffentl. als Facsimile in Marx, Beethoven. Bd. II. Anhang.

Kriegslied der Oesterreicher vom 14. April 1797. Text von Friedelberg: „ein großes deutsches Volk sind wir" für 1 Singstimme mit Pftebegl. Cdur. 1797.

Zwölf englische, schottische, irische und italienische Lieder f. 1 und mehrere Singstimmen, Viol., Vcell. und Pfte. Comp. 1810—20. Veröffentl. 1860. A. d. Nachlaß.

Zwölf irische Lieder für 1 und mehrere Singstimmen mit Begl. von Pfte., Viol. u. Vcell. Comp. circa 1815 – 16. Mit deutscher Uebersetzung von G. Pertz.

Zwanzig irische Lieder f. 1 und mehrere Singstimmen mit obligater Begl. von Pfte., Viol. u. Vcell. Mit deutscher Uebersetzung von G. Pertz.

Fünfundzwanzig irische Lieder f. 1 Singstimme mit oblig. Begl. von Pfte., Viol. u. Vcell. Comp. 1810—15. Ins Deutsche übersetzt von G. Pertz.

Zwölf schottische Lieder f. 1 und mehrere Singstimmen mit oblig. Begl. von Pfte., Viol. u. Vcell. Comp. 1814—23. Die deutsche Uebersetzung von G. Pertz.

Sechsundzwanzig wallisische Lieder f. 1 und mehrere Singstimmen mit oblig. Begl. von Pfte., Viol. u. Vcell. Comp. 1812—14. Mit deutscher Uebersetzung von G. Pertz. S. op. 108.

Lied an einen Säugling, von Wirths, „noch weißt du nicht, weß' Kind du bist", f. 1 Singstimme mit Pftebegl. Adur. 1783. 1784.

Lied aus der Ferne, von C. L. Reissig: „Als mir noch die Thräne", f. 1 Singstimme mit Pftebegl. Bdur. 1809. 1810.

Räthselkanon: „Lerne, lerne schweigen, o Freund", aus Sabi's „Rosenthal", übersetzt von Herder. Fdur. Gew. Ch. Neate. 1816. 1817.

Ruf vom Berge von Fr. Treitschke: „Wenn ich ein Böglein wär", f. 1 Singstimme mit Pftebegl. Adur. Comp. 1816.

Musikalischer Scherz, aus einem Briefe an Frau Milder-

Hauptmann: „Ich küsse Sie, drücke Sie an mein Herz".
Fdur. Comp. 1816.

Schilderung eines Mädchens, Text von Bürger: „Schildern willst du Freund" f. 1 Singstimme mit Pftebegl. Gdur. 1783.

Schlußgesang: „Es ist vollbracht" aus dem Eingspiele: „die Ehrenpforte", Text von Treitschke, f. 1 Singstimme mit Chor u. Pftebegl. Ddur. 1815. 1826.

Sehnsucht, von Göthe: „Nur wer die Sehnsucht kennt, weiß was ich leide", f. 1 Singstimme mit Pftegegl. in vier verschiedenen Bearbeitungen. No. 1. Gmoll, 2. Gmoll, 3. Esdur, 4. Gmoll.

Stammbuchblatt, aus Göthe's Gedicht: das Göttliche: „der edle Mensch sei hülfreich und gut", f. 1 Singstimme mit Pftebegl. Gdur. Comp. 1823. Beilage zur Wiener Musikzeitung 1843.

www.ingramcontent.com/pod-product-compliance
Lightning Source LLC
Chambersburg PA
CBHW031442280326
41927CB00038B/1531